생각훈련 독서법

생각훈련 독서법

초판 1쇄 2023년 5월 10일

지은이 제이문

펴낸이 원하나
편집 조유진
교정·교열 김동욱
디자인 정미영
출력·인쇄 금강인쇄(주)

펴낸 곳 하나의책
출판등록 2013년 7월 31일 제251-2013-67호
주소 서울시 관악구 남부순환로 1855 통일빌딩 308-1호
전화 070-7801-0317 팩스 02-6499-3873
블로그 blog.naver.com/theonebook

ⓒ2023, 제이문
ISBN 979-11-87600-19-0 03370

생각훈련 독서법

청소년 독서토론을 위한 친절한 안내서

제이문 지음

우리 모두에게는
삶을 바꿀 생각의 힘이 있다

교실 문을 열고 들어서기 전에는 항상 설렌다. 문을 열자마자 아이들의 반짝임이 쏟아져 나올 것을 잘 알고 있기 때문이다. 이렇게 귀하고 아름다운 아이들은 나에게 항상 행복을 주지만 함께 미래에 대해 이야기를 나눌 때는 상황이 달라진다. 대학교 입학만을 향해 달려가도록 교육받아 온 탓에 성적이라는 숫자에 밀려 자신이 정말 무엇을 원하는지, 어떤 사람인지에 대한 생각이 없기 때문이다.

요즘은 한 술 더 떠서 아이들은 대학교라는 간판보다는 돈을 우선한다. 돈만 많이 벌면 무엇을 하든 상관없다고 말하기도 한다. "왜 대학을 가야 하지?", "왜 돈을 많이 벌어야 하지?"라는 질문을 먼저 해야 한다는 것은 알지 못한다. 그래서 슬펐다. 그리고 고민했다. 교사로서 나는 어떤 존재이고 아이들에게 무엇을 제시해야 할지 막막했다. 특히나 요즘처럼 학교 교육이 학원 교육에 밀린 듯한 상황에서는 더더욱 교사의 역할에 대해 고민할 수밖에 없었다. 부모님이 바빠서 해 주지 못한 일, 학원에서는 절대로 해 줄 수 없는 일, 어른으로서 마땅히 다음 세대에게 해야 하는 일. 바로 여기에서 생각훈련이라는 사고 방법이 탄생했고 이 책으로 이어졌다.

현대사회를 살아가는 모든 세대는 행복하지 않다고 말한다. 각자 버거운 삶을 짊어지고 일상을 견뎌 나간다. 이것을 바꿀 수는 없다. 누구도 나 대신 짐을 져 줄 수는 없기 때문이다. 그러나 스스로 바꿀 방법은 분명히 있다. 드러난 현상의 바닥에는 이를 초래한 원인이 깔려 있다. 그 원인에 대한 분석, 우리가 바꿀 수 있는 부분은 바로 이것이다.

나는 아이들과 대화할 때, 성적이나 희망 대학을 먼저 꺼내지 않는다. 무엇을 좋아하는지, 무엇을 잘하는지, 하고 싶은 게 있는지, 없다면 왜 없는지, 대학을 가려는 목적은 무엇인지 묻는다. 또한 공부를 하지 않는다면 무엇을 하고 싶은지, 부모님과의 관계는 어떤지, 이성 친구가 있는지도 물어본다. 아이들은 이런 질문에도 답을 잘 하지 못한다. 이유는 간단하다. 이런 질문들은 '나'에 대한 것들이고 아이들은 '나'에 대해 생각해 본 적이 없기 때문이다. 자신에 대해서도 파악이 안 되어 있는데, 대학에 가려고 한다. 모래로 대충 토대를 만들고 그 위에 막연하게 성을 쌓고 있는 격이다. 이것을 방치해야만 할까? 어른들이 정말 이래야만 할까?

책을 아무리 많이 읽고 수많은 영화를 보아도 단 한 줄로 자신의 생각을 표현해 내기 어려워하는 사람이 많다. 이유는 간단하다. 자신의 감상이나 느낌을 적절하게 담아 넣을 지식의 틀이 없어서고, 설령 틀이 있다 해도 모아 놓은 지식들의 의미를 연결하고 재구성해 자신의 것으로 온전히 만드는 방법을 모르기 때문이다. 낱낱으로 존재하는 지식을 하나로 모아 재구성하는 일, 그리고 마침내 삶에 투영하는 일, 이것이 바로 생각훈련의 방식이자 지향점이다.

아이들의 머리는 아직 굳어 있지 않다. 우리가 아이들을 포기하지 않고 여전히 말랑거리는 머리의 작동법을 바꾸어 준다면, 그때부터 아이들은 스스로 머리를 움직여 생각하게 될 것이다. 지식을 기계적으로 암기하지 않고 근본에 대한 고민을 시작하게 될 것이다. 교사의 지식과 의견에 이의를 제기하고 질문을 던지며 자신의 생각을 만들어 나갈 것이다. 이렇게 자신을 파악해야만 아이들을 떠났던 꿈이 되돌아올 수 있다.

이 책에서 제시하는 열두 권의 책은 아이들에게 생각하는 법의 기본을 알려 주기 위해 대중적인 인지도가 높은 것들로 선정했다. 학교 현장에서 아이들에게 교과를 가르치기에도 버거운 교사들을 위해 내가 사용해 온 방식과 내용을 쉽게 풀었고, 필요한 지식과 배경, 그리고 무엇보다도 많은 시간과 에너지가 필요한 질문과 주제를 미리 선정했다. 수업에 필요한 지도안은 샘플로 실어 놓았으나 나보다 훌륭한 선생님들이 각자 상황에 맞게 최상의 지도안을 만들어 사용해도 된다. 나의 방식이 최고나 최선이 아닐 수도 있겠으나, 많은 교사가 나의 고민에 공감하고 있다는 것은 알고 있다.

아이들을 위한 이 책은 결국 나를 위한 작업이기도 했다. 교사로서의 나를 돌아보게 되었고 무엇보다 한 사람의 인간, 누군가의 가족인 나를 생각하게 되었다. 어린 시절, 반찬 살 돈을 아껴서라도 나와 동생들을 위해 책을 사 주셨던 부모님의 마음이 책을 쓰는 내내 떠올랐다. 공붓벌레라고 놀리면서도 친구들에게 내 자랑을 하고 다녔던 두 동생도 고마웠다. 임용고시를 준비하는 기간 동안 알게 모르게 내 곁에서 간식과 밥을 챙겨 주시던 나의 할머니 박영애 여사님이 그리워졌다. 나를 진짜 교사로 만들어 준 모든 제자들이 떠올랐고, 나에게 조언을 아끼지 않았던 존경하는 동료 교사들과 캐나다에 사는 절친도 생각났다. 이 모든 생각과 그리움이 힘이 되어 이 책을 끝낼 수 있었다.

생각을 멈추지 않으려 한다. 이 책을 읽는 모두가 생각할 힘이 있음을 잊지 않기를 바란다. 나의 삶을 바꿀 수 있는 힘, 그것은 결국 생각에서 출발하기 때문이다.

2023년 봄, 제이문

차례

이 책의 목표는 아이들에게 독서를 통해 생각할 수 있는 힘을 키우는 훈련, 즉 생각훈련의 기회를 제공하는 데 있다. 체계적이고 집중적인 생각훈련을 위해 이 책에서는 다음과 같은 단계별 과정을 제시한다.

서두

작품에서 다루게 될 주제와 관련해 해당 작품을 선택한 이유를 설명하는 단계다.

생각훈련을 위한 기초체력 다지기

작가 및 작품의 배경지식을 알아보고 작품의 주제와 연관된 지식을 쌓는 단계다. 필요한 경우, 활용할 만한 참고자료를 추가로 설명한다.

생각의 틀 만들기: 테두리 구성하기

본격적인 생각훈련에 앞서 작품의 구성을 알아보는 단계다. 작품에 대한 정보 습득, 작품의 내용 확인 과정을 거친다.

작품을 제대로 이해하기 위해 작품 자체에 대한 정보를 주는 단계이기도 하다. 작품에 따라 다루는 내용은 다를 수 있다. 작품의 구성과 전개, 시대적 배경, 작품의 주제와 직접 연관이 되는 사상과 캐릭터에 대해 소개해 정확하게 생각할 수 있는 기틀을 만들어 준다.

※ 이 단계까지는 수업 운영 계획에 따라 독서 전후 가운데 하나를 선택할 수 있다.

알맹이 채우기

테두리 작업이 끝난 후 작품의 내용에 대해 몇 가지 질문으로 확인해 보는 단계다.

※ 이 단계에서부터는 작품을 완전히 읽고 진행해야 효과적이다.

드디어! 생각훈련

생각의 틀을 완성한 후 드디어 작품의 주제로 들어가는 단계다. 최종 주제를 도출하기 위해 관련 질문들에 답하며 점층적인 방식으로 최종 주제에 접근한다. 제시된 질문들의 답을 고민하며 작품의 주제에 대해 깊이 있게 생각해 보는 가장 중요한 단계다.

비판적 독해능력 키우기: 책 넘어서기

작품을 감상하며 작가의 생각에 공감이 가지 않거나 작품에 드러난 아쉬운 설정, 구성 등을 찾아보는 단계다. 비판적 읽기critical reading를 시도해 볼 수 있다.

독서에 흥미를 더해 주고 수업을 돕기 위한 보조 수단으로 활용할 수 있는 관련 영화를 제시한다. 독서 내용을 복습하기 위해 진도에 맞게 영화를 감상하거나 글로는 부족한 시대적 배경 혹은 캐릭터의 의복 등을 보기 위해 활용할 수 있다. 또한 대사 없이 주인공들의 행동만 나오는 장면을 보며 내용이나 주인공의 심리를 예측하는 데 이용해도 효과적이다. 이 밖에도 수업 계획에 따라 다양하게 활용 가능하다.

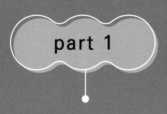

part 1

묵직한 것 같지만
무겁지 않은

작은 아씨들	루이자 메이 올컷 *Louisa May Alcott*
참고도서	윌북, 2019, 공보경 옮김

　학기 초에 담임이 가장 먼저 하는 일은 학급의 아이들 파악이다. 성적, 장래 희망, 진로 등의 정보도 중요하지만, 가정환경과 가족구성 역시 꼭 필요한 정보다. 이 과정에서 가장 자주 놀라게 되는 것이 요즘 아이들의 소통 부족이다. 형제자매 간은 물론 부모와 자녀 간의 소통도 터무니없이 부족하다. 이렇게 가족을 느끼지 못하는 아이들은 가족이라는 개념을 어떻게 받아들이고 있을까? 우리의 출발점이자 터전인 가족이 중요하기는 할까?

　『작은 아씨들』은 이런 필요와 간절함으로 선택했다. 한없이 서로를 아끼고 신뢰하며 헌신하는 마치 가족의 이야기를 함께 읽으며 아이들은 억지로 주입하지 않아도 가족의 의미와 가치에 대해서 한 번쯤은 진지하게 생각해 보게 될 것이다. 이 책에는 가족뿐 아니라 꿈과 사랑, 우정, 인생 등 다양한 주제들이 숨어 있다. 이 책에서 제시한 질문에 답하며 가족에 대해 생각해 보자.

① 『작은 아씨들』의 작가는 누구인가?

작가인 루이자 메이 올컷은 1832년 11월 29일 미국 펜실베이니아주의 저먼타운에서 태어났다. 작품의 주인공들처럼 네 자매 중 둘째였고, 어린 시절부터 지독하게 가난해서 많은 직업을 전전하며 돈을 벌어야 했는데, 신문과 잡지에 선정적인 단편을 싣기도 했고, 가정교사, 교사, 재봉사, 가정부 등으로 일하기도 했다. 이런 그녀의 경험들은 『작은 아씨들』의 주인공 중 특히 조의 캐릭터에 가장 많이 투영되었지만, 그 밖에 다른 자매들의 캐릭터를 만드는 데에도 나누어 반영되었다. 이 작품을 작가의 자서전적 작품이라고 하는 이유는 이처럼 자신의 삶을 바탕으로 한 데에 있다. 특히 작품 속 베스의 사망은 실제 그녀의 동생이었던 리지가 20대 초반에 사망했던 경험이 고스란히 반영된 것이었다. 루이자 메이 올컷은 평생 여성의 권리 향상과 참정권을 위해 활동했으며 흑인의 노예제도에 대해서도 반대의 목소리를 냈다. 1888년 3월 6일 미국의 매사추세츠주 보스턴에서 사망했다.

▶ 참고영상 - [유튜브] 생각훈련 채널 '작은 아씨들' 편

미국의 남북전쟁(1861~1865)은 노예제도 폐지를 주장하는 북부와 노예제도 존속을 주장하는 남부 사이에서 일어난 내전이었다. 노예제도에 대해서 남북의 의견이 갈린 이유는 주된 산업 형태가 달랐기 때문이었다. 남부에는 흑인 노예의 노동력을 이용해 목화를 재배하는 대농장이 발달했지만 북부에는 본격적인 산업혁명으로 인해 대기업과 공장이 들어서 있었다. 따라서 남부는 노예제의 유지와 자유무역, 지방분권을 주장했고, 북부는 공업 발전을 위해 보호무역과 연방정부의 강화를 주장했다. 노예제 폐지를 둘러싸고 첨예하게 대립하던 남북은 1860년대 초 북부 출신인 에이브러햄 링컨이 대통령으로 당선되면서 완전히 갈라섰고, 이를 계기로 몇몇 주가 연방정부를 탈퇴해 대통령을 따로 선출하면서 본격적으로 전쟁에 돌입했다. 그러나 전쟁은 날이 갈수록 북부에 유리하게 진행되어 1862년 9월 링컨은 노예제 폐지를 공언하고 1863년 1월 1일 노예제 폐지를 정식으로 선포했으며 1865년 4월 26일 남부군 사령관의 항복을 받아냄으로써 전쟁에서 승리했다.

▶ 참고영상 - [유튜브] tvN 채널 '노예 해방을 둘러싼 미국 남부 vs 북부 사람들의 치열한 접전'

③ 19세기 미국에서 여성들은 사회적으로 어떤 존재였나?

루이자 메이 올컷이 살았던 19세기는 영국의 빅토리아 여왕 시기 (1837~1901)다. 미국은 18세기 말에 영국에서 독립(1776)해 국가를 이루었지만, 신생국이다 보니 자체적인 관습과 제도가 정비되지 않았던 만큼 여전히 영국의 영향을 많이 받아 빅토리아 시대의 특징이 많았다. 그중 도덕주의는 당대 여성의 삶과 가치에 커다란 영향을 끼치고 있었다. 즉, 여성은 가정을 지키는 천사여야 했고, 남성에게 보호받는 가냘픈 존재여야 했다. 1821년 최초의 여학교가 생기기 전까지는 교육의 기회가 없었고 기혼 여성에게 재산권은 없었으며 남편 없이는 법적인 존재를 인정받지 못했다. 따라서 여성들은 결혼해 자녀를 낳아 좋은 아내이자 어머니가 되는 것을 최고의 미덕으로 받아들이고 최선을 다해 신부 수업을 받았다. 이 시대에 아버지와 어머니의 권위가 대단히 높았고 이런 모습은 작품의 곳곳에 드러나 있다. 그러나 19세기의 미국은 작품 속 마치 가문처럼 선구적인 여성들이 사회 변화와 여성의 권리 향상을 위해 목소리를 높이며 정치와 사회 활동에 적극적으로 참여하는 등 여성 운동의 물결이 본격적으로 시작된 시기이기도 했다. 덕분에 1920년에 이르러 미국 모든 주에서 여성이 투표권을 획득하게 되었다.

▶ 참고영상 – [영화] 〈비커밍 제인〉(2007), [영화] 〈서프러제트〉(2015)

① 작품의 구성

이 책에서 다루는 내용은 1868년 작 『작은 아씨들Little Women』과 1869년 작 『좋은 아내들Good Wives』의 합본이 바탕이다. 1권(『작은 아씨들』)의 내용은 아버지인 마치 씨가 전쟁에 나간 해의 크리스마스 즈음 시작되어 그 후 1년 동안 벌어진 에피소드로 구성되어 있고, 2권(『좋은 아내들』)은 1권의 마지막 시점에서 3년이 지났을 때부터 시작된다.

② 작품의 시대적 배경

1~2권에서 남북전쟁 중인 1862년경에 시작해서 그 후 약 10년 동안 마치 가문의 네 자매가 살아가는 이야기를 다루고 있다. 이 시기는 노예제도 폐지라는 첨예한 이슈를 두고 남과 북이 격돌하던 때였는데 노예제도 폐지는 단순한 제도의 폐지를 넘어 국가 기반의 중요한 패러다임이 전환되는 것이었다. 19세기는 미국 문학과 사상의 르네상스기라고 불릴 만큼 미국 사회의 철학적·사상적 기반이 정립되는 시기이기도 했다.

『천로역정』은 17세기 영국 작가이자 침례교 설교가인 존 번연이 1678년에 쓴 작품으로 총 2부로 구성되어 있으며 영어권에서는 성경 다음으로 많이 읽힌 고전이다. 번연은 교육을 거의 받지 못했으나 신앙 서적과 신앙심이 깊은 부인의 영향으로 회심해 역사상 길이 남는 설교자가 되었다.

『천로역정』은 꿈의 형식을 빌려 서술한 작품이며 등장인물들의 이름을 사용해 주제를 직접 제시한다. 1부는 꿈속 주인공인 크리스천이 자신이 살고 있는 멸망의 도시를 떠나 빛의 도시를 찾아갈 때까지의 순례 여정을 담고 있다. 크리스천은 이 순롓길에서 전도사, 세속 현자 등 수많은 사람을 만나며 도움을 받거나 위기에 처하는데, 이는 기독교인이 하느님의 나라로 갈 때까지 세속에서 겪는 신앙생활을 비유한 것이다. 2부에서는 크리스천의 아내인 크리스티나가 그녀의 네 아이와 자비심이라는 처녀와 함께 천국으로 가는 이야기를 다루고 있는데, 이는 『작은 아씨들』의 마치 부인과 네 자매를 연상하게 한다.

이처럼 『천로역정』은 기독교인들에게 하느님의 나라로 가기 위해서는 현실에서의 고난은 마땅히 받아들여야 하며, 반드시 이겨 내야만 하는 것이라고 역설한다. 이는 실제 철저하게 청교도적인 삶을 추구했던 루이자 메이 올컷에게 가장 중요한 삶의 지침이 되었으며,

작가가 받은 영향은 『작은 아씨들』의 1권 서문에 『천로역정』의 한 구절을 인용한 데서도 드러난다. 작가는 『천로역정』의 가르침을 『작은 아씨들』의 뼈대로 삼아, 등장인물들에게 현실의 고난은 마땅히 짊어지고 가야 할 짐이며, 고난을 극복해 행복에 이르려는 것은 『천로역정』의 재현이라는 것을 묘사했다.

▶ 참고영상 - [영화] 〈천로역정: 천국을 찾아서〉

④ 작품에 등장하는 캐릭터

• 마거릿/메그: 네 자매 중 첫째로 열여섯 살이다. 당시에 모범이 될 만한 전형적인 현모양처 캐릭터다. 가난을 가장 힘든 역경이라고 생각했으나 결국 가난하고 성실한 존 브룩과 결혼해 쌍둥이를 낳고 행복한 가정을 이룬다.

• 조세핀/조: 네 자매 중 둘째로 열다섯 살이다. 작품의 가장 중심에 있는 인물로 작가의 자아가 투영되어 유일하게 사회적 자아실현의 꿈을 이룬다. 로리의 청혼을 거절하고 바에르 교수와 결혼해 유산으로 받은 마치 고모의 저택을 학교로 만들어 운영한다.

• 엘리자베스/베스: 네 자매 중 셋째로 열세 살이다. 수줍음을 많이 타는 성격 탓에 학교에 다니지 못하고 아버지에게 교육을 받는

다. 집안 살림을 돕고 낡은 인형들을 정성스럽게 돌보고 피아노를 즐겨 연주한다. 늘 건강이 약해 고생하다가 17세에 사망한다.

• 에이미: 네 자매 중 넷째로 열두 살이다. 푸른 눈에 금발, 하얀 피부를 지녔고 품위 있는 태도와 예의범절에 무척 신경을 쓴다. 그림에 소질이 있으나 화가의 길은 포기한다. 로리와 결혼해 딸을 낳아 베스라고 이름 짓는다.

• 어머니: 통통한 몸집의 자애로운 40대 여성. 남편이 없는 동안 가정의 모든 일을 책임진다. 딸들이 가장 먼저 고민을 털어놓는 대상이자 고민의 해결사이기도 하다. 봉사와 자선 활동에 적극적이며 딸들의 이상적인 롤 모델이다.

• 아버지: 목회자이며 종군 목사로 전쟁에 참전하는 등 자신의 이상을 실천으로 옮기는 삶을 산다. 가족의 정신적 지도자이자 높은 학식과 인품으로 주변 사람들의 존경을 받는다.

• 시어도어/로리: 열여섯 살이다. 어릴 적에 고아가 되어 할아버지와 함께 마치 가문의 옆집에 살고 있다. 음악가였던 부모님의 피를 물려받아 음악가가 되고 싶어 하나 결국 할아버지의 사업을 이어받

는다. 조에게 거절당한 후 에이미와 사랑에 빠져 결혼한다.

• 존 브룩: 로리의 가정교사다. 가난하지만 성실하고 책임감이 강하며 메그와 결혼한다.

• 프리드리히 바에르 교수: 조와 결혼하는 40대의 독일인 교수다. 뛰어난 지성으로 독일에서 추앙받았으나 누나의 사망 후 조카들을 돌보기 위해 미국으로 건너온다. 모든 면에서 조가 이상적으로 생각하던 인물이다.

• 마치 대고모: 마치 가문의 부유한 친척으로 독신이다. 사망 후 자신이 살던 저택을 조에게 남김으로써 조가 바에르 교수와 함께 학교를 세우는 데 기여한다.

• 로렌스 씨: 로리의 할아버지. 아들 부부가 일찍 사망하자 손자인 로리를 미국으로 데려와 키운다. 어려운 처지의 마치 가문을 물심양면으로 돕고 특히 베스에게 각별한 애정을 가지고 있었다. 베스가 사망한 이후에는 조를 친딸처럼 여긴다.

1. 내 마음에 가장 와닿는 캐릭터는?

2. 가장 기억에 남는 에피소드는?

3. 가장 마음에 들지 않는 에피소드나 캐릭터는?

① 가난해도 행복할 수 있는 비결은 무엇일까?

요즘은 중학교와 고등학교의 학비와 교복, 급식이 무상으로 지원되기 때문에 공교육 부담이 크게 줄었다. 그러나 그와는 별개로 실제 학교 현장에서는 여전히 경제력의 차이가 눈에 띈다. 다른 아이들보다 비싼 운동화, 가방, 지갑 등 교복 외적인 부분과 일부 허용되는 사복만 봐도 차이가 매우 크다. 부모님의 옷차림과 차량도 아이들에게는 중요한 기준이다. 이런 물질적인 것으로 주눅 드는 아이가 없기를 바라지만 슬프게도 아이들에게는 이런 것들이 먼저 눈에 띄는 것 같다. 요즘 아이들에게 돈은 최고의 가치다. 그렇다면 『작은 아씨들』의 주인공들은 어떨까?

『작은 아씨들』 1권은 가난에 대한 불평으로 시작한다. 선물 없는 크리스마스에 대해서 불평하는 조의 대사로 시작해 작품 곳곳에는 가난에 대한 신세 한탄과 불평이 자주 등장한다. 메그는 늘 똑같은 낡은 드레스에 대해 불평하고, 에이미는 또래 여자애들처럼 예쁜 물건을 갖지 못한다고 불만을 늘어놓는다. 조는 머리카락을 잘라 어머니의 여비를 마련하는가 하면, 메그는 사랑하는 남편과 값비싼

비단을 구매한 일로 부부 싸움을 벌인다. 그럼에도 이들은 항상 자신들의 처지를 받아들이고 감사한다. 가난한데도 그렇게 할 수 있는 이유는 무엇이었을까?

우선은 부모님의 삶에 대한 존경심이었다. 1권의 첫 장에서 가난을 불평하던 자매들은 아버지의 편지를 읽고 아버지의 대의에 비해 자신들의 불평이 얼마나 하잘것없는지 생각하며 반성한다. 같은 챕터에서 어머니가 말씀해 주신 『천로역정』을 떠올리며 가난은 짊어지고 가야 할 짐일 뿐이니 하루하루를 성실하게 살아 나가며 자신의 여정에 최선을 다하는 것이 행복에 이르는 길이라는 깨달음을 얻는다.

두 번째 이유는 나보다 가난한 이웃들을 도우며 얻는 만족감이었다. 1권의 두 번째 챕터인 '메리 크리스마스'에는 자매들이 소중한 크리스마스 아침 식사를 불우한 이웃에게 나눠 주고 빵과 우유로 소박하게 식사하면서도 함께할 수 있음에 감사하는 장면이 나온다. 또한 옆집의 로렌스 씨가 보낸 푸짐한 저녁 식사에 감사하면서도 화려한 꽃다발보다 베스가 용돈을 아껴서 사다 준 시든 장미를 훨씬 의미 있게 생각하는 어머니의 대사가 나오기도 한다.

지금, 학교는 요즘 아이들에게 가난에 관한 생각을 물어보면 대부분은 '부끄럽다'고 답한다. 또한 부모님이 무능력해서 자신들이 고생한다고 말하는 아이들도 있다. 학생이지만 명품을 갖고 싶어 하고, 친구의 명품을 돈을 주고 빌려 쓰는 일도 흔하다. 자신이 갖지 못한 것보다는 가진 것에 감사하는 일이 행복의 시작임을 충분한 대화로 알려야 하는 일이 교사의 선행 과제가 되어야 한다.

가난하면 행복하지 못하고, 공부를 해 봤자 돈을 많이 벌 수도 없으므로 졸업하면 배달이나 하겠다는 학생까지 생겨났다. 아이들을 비난하거나 비판하기에 앞서 아이들이 행복의 조건으로 돈을 우선시하게 된 이유가 무엇인지 알아야 한다. 성장 과정에서 겪은 결핍 때문인지 부모님의 가치관에 영향을 받은 것인지, 혹은 미디어에 지나치게 노출되었기 때문인지 등 충분한 대화를 나눠 보고 아이들이 처한 상황과 조건에 따라 실질적인 조언과 도움을 주어야 한다. 이 과정에서 돈이 갖는 진정한 가치가 무엇이며, 돈 이외에 삶에서 중요하게 여겨야 하는 것들에는 무엇이 있는지 곰곰이 생각해 볼 수 있는 시간을 갖는다면 더할 나위 없이 좋을 것이다.

② 엄마와 아빠의 역할은 무엇일까?

19세기의 미국은 청교도적인 사고와 종교관이 지배하고 있어서 이혼이 매우 어려웠고, 둘 중 한 사람이 사별한 것이 아니라면 한 가정에 두 명의 부모가 있는 일이 일반적이었다. 『작은 아씨들』의 집도 예외는 아니었다. 아버지는 집안의 가장이자 정신적인 지주이며 아버지를 중심으로 가족은 결속하고 어려울 때에는 누구나 아버지에게 의지한다. 그러나 아버지는 작품에서의 역할이 미미하고 실질적인 가장의 역할은 어머니가 거의 맡고 있다. 어머니는 밖으로는 선행을 베풀고 안으로는 살림과 모든 문제의 최종 해결사로 등장한다. 작품에서 어머니와 아버지는 크고 작은 범위에서 아이들을 위한 터전과 울타리, 그리고 앞으로 나아가기 위한 지침을 제공해 준다. 또한 딸들에게 아버지는 이상적인 남성상 혹은 남편상의 모습이며 존경하는 대상으로, 어머니는 자매들이 닮고 싶은 모습이자 자신들이 바라는 미래의 모습으로 그려진다.

지금, 학교는 담임이 되어 아이들을 상담하다 보면 이혼 가정이나 한 부모 가정이 상당히 늘어났음을 알게 된다. 심한 경우에는 40명 중 열 명이 외부모인 경우도 있었다. 그래서 요즘 아이들에게 부모님이라는 단어를 사용하는 일은 매우 조심스러워졌다. 부모님이라는 단어를 사용하기 이전에 부모님이 두 분 다 계시는지, 아니면 재혼 가정의 아이인지 알아본 후에 상담하는 것이 상식이 된 셈이다.

이런 상황의 아이들에게 부모의 역할을 물어보면 아이들은 대부분 교과서적인 답변을 하거나 틀에 박힌 성 역할만을 말할 뿐 자신이 진짜 생각하는 부모의 역할에 대해 말하는 경우는 극히 드물었다. 끝까지 답을 추구하면 최종 답은 하나같이 '모른다'로 끝나 버리기 일쑤였다. 아이들과 이렇게 대화를 마치고 나면 과연 부모란 어떤 존재일까라는 질문을 나부터 생각하곤 했다.

아이들은 부모님이 얼마나 중요한 존재인지 알고 있을까? 그들이 생각하는 이상적인 부모상 혹은 이상적인 부모의 역할이란 무엇일까? 아이들은 부모에게서 어떤 모습을 읽어 내고 있을까? 반드시 아이들과 함께 짚고 넘어가야 하는 질문이다.

③ 좋은 아빠가 되기 위해서는 조건이 필요할까?

『작은 아씨들』에서 아버지는 1권이 거의 끝나 가는 부분까지 등장하지 않는다. 물론 작가의 집필 의도대로 당시 소녀와 여성에게 교훈을 주기 위해서였겠지만, 소설에서 아버지는 전쟁터에 나가 있었고, 급기야는 부상을 당해 가족들에게 큰 놀라움과 걱정을 안겨 주는 사람으로 묘사된다. 또한 가족들은 아버지가 어려움에 처한 친구를 도와주다 전 재산을 날려 버리는 바람에 가난으로 고생하고 있었다. 2권에서도 아버지는 구역을 관리하고 설교를 하며, 이웃에게 친절하고 자주 대화하는 소박하지만 존경받는 인품이라고 표현된다. 19세기 사회에서의 이상형 혹은 작가가 존경했던 이상적인 아버지상일 수는 있으나 냉정하게 따져 보면 이 집안에서 아버지의 역할은 유명무실하다. 아버지가 재산을 지켜 냈다면 네 자매는 걱정 없이 자신들의 꿈을 펼치며 좀 더 편안하게 살았을 수도 있었을 테니 말이다. 그럼에도 여전히 이 집안에서 아버지는 존재만으로도 가족과 이웃에게 사랑과 존경을 받는다. 왜일까?

지금, 학교는 교사로서 상담을 하다 보면 아이들은 부모님과 대화하는 시간이 극도로 부족했고 특히 아빠와 함께하는 시간이 매우 적었다.

퇴근 전 문단속을 위해 교실에 들렀다가 우리 반 여자아이 한 명이 집에 가지 않고 휴대폰을 만지작거리며 앉아 있는 모습을 발견했다. 나는 그 아이를 교무실로 데려왔다. 내 앞에 앉은 그 아이의 하얀 패딩에는 여기저기 때가 잔뜩 묻어 있었고 피부 또한 거칠고 윤기가 없었다. 안쓰러운 마음을 내색하지 않고 집에 가지 않은 이유를 물어보니 의외로 단순한 대답이 돌아왔다. 엄마 없이 아빠랑 살던 그 아이는 경제적 어려움으로 학원에 다닐 수 없었고, 용돈도 부족해 스터디 카페도 갈 수 없었기 때문에 학원에 다니는 친구들을 학교에서 기다리고 있었던 것이다. 다른 친구들의 아빠들처럼 용돈도 많이 주고 학원에 보내 주면 좋겠지만, 그래도 꼭 필요한 돈은 받아서 괜찮다는 말도 덧붙였다. 아울러 스무 살이 되면 대학 진학과 상관없이 반드시 독립하겠다는 계획까지 알려 주었다.

아이에게 아빠라는 존재는 최소한의 생활을 보장해 주는 장치 같다는 느낌이었다. 소통도 공감도 없이 그저 같은 공간에서 어른이 될 때까지 함께 머무는 어른. 그 이상도 이하도 아닌 사람. 이 아이는 언제부터 아빠를 잃어버린 걸까?

현대적 관점에서 『작은 아씨들』의 아버지는 경제적인 능력이 없으므로 비판의 여지가 다분할 수 있다. 정말 돈이 없는 아버지는 좋은 아버지가 될 수 없는 걸까? 작품에 등장하는 아버지는 비록 경제적 능력은 떨어지지만 많은 사람에게 존경을 받는다. 요즘 아이들은 아버지를 단순히 '돈 벌어 오는 사람'쯤으로 생각하고 있는 것은 아닌지 아버지의 역할과 좋은 아버지에 대해 다시 한번 생각해 봐야 할 것이다.

④ 자식들은 가정에서 어떤 역할일까?

『작은 아씨들』의 아이들은 경제적으로 어려운 부모를 돕기 위해 자신들이 할 수 있는 만큼 보탬이 되려고 생활 전선에 뛰어든다. 메그는 부유한 집에 가정교사로 취직하고, 조는 마치 대고모의 말벗이 되어 책을 읽어 드리고 여비를 마련하기 위해 머리카락을 자르는가 하면, 자신의 글쓰기 재능을 살려서 신문과 잡지에 글을 기고하기도 한다. 몸이 약한 베스는 살림을 돕고, 나이 어린 에이미는 돈을 못 버는 대신 옷을 물려받아 입거나 갖고 싶은 물건을 사지 않는 방식으로 돕는다. 또한 네 자매는 부모님의 사랑에 보답하기 위해 그들이 가르친 철학과 교리를 충실하게 따른다. 부모의 가르침을 그대로 이어받아 최선을 다해 자식 된 도리를 하는 것이다.

자식이니 부모에게 감사하고 효도해야 한다는 말이 아니다. 부모도 사람이므로 그들의 헌신을 당연시하는 것은 부모에게 부당한 일일지 모른다는 말이다. 자녀인 우리는 가족의 구성원으로서 받는 일만이 아니라 주는 일을 할 수도 있다. 혹시 부모와 교사에게 받는 것들을 너무 당연하게 여기고 있지는 않은가? 아이들도 구성원으로서 무언가 해야 하지 않을까?

지금, 학교는 내리사랑이라는 말은 보통 부모들이 자식에게 일방적으로 끝없는 사랑을 쏟고 헌신한다는 뜻이다. 학교에서는 교사들이 이 역할을 맡고 있다. 그러나 내리사랑에는 문제가 있다. 이렇게 기울어진 관계에서는 받는 쪽에서 언젠가부터 자신이 받는 사랑과 배려를 당연하게 여기게 된다. 아무리 주는 쪽이 원해서 자발적으로 행하는 사랑의 행위라고 할지라도 이 관계가 올바른지 생각해 보아야 한다.

이런 풍조는 학교에서 학생들이 참여하는 봉사활동에서도 드러난다. 아무런 보상 없는 봉사활동에 아이들은 관심이 없거나 참여하려고 하지 않는다. 그러니 이런 일방적인 주고받음은 문제가 될 수 있다는 사실을 깨닫고, 아이들에게 받는 것의 기쁨 못지않게 주는 즐거움도 함께 알려 주어야 한다.

⑤ 가족이란 나에게 어떤 의미일까?

『작은 아씨들』이 오랜 세월 동안 꾸준히 사랑받는 이유는 가족의 개념이 달라져 가는 현실에서 여전히 누구나 잃고 싶지 않은 이상적인 가족의 모습이 담겨 있어서일지 모른다. 결함이 있고 완벽하지는 않지만, 완벽한 개인이 되기보다는 완전한 함께를 만들어가며 행복해 하는 마치 가문의 모습에 끌리는 것은 아닐까.

주인공인 네 자매를 중심으로 가족의 의미를 파악해 볼 때, 가장 중요한 가치는 서로를 향한 믿음과 사랑이다. 아버지가 전쟁터에 나감으로써 가족의 생계가 어려워지자 자매들은 어머니를 중심으로 절약하고 소박한 음식을 먹고 힘든 하루의 끝에는 함께 노래를 부르며 서로를 위로한다. 메그와 조는 추운 겨울날 돈을 벌기 위해 집을 나서지만, 그들을 배웅하는 어머니의 모습을 바라보며 추위를 물리친다. 현실이라는 무거운 짐을 내려놓고 싶은 유혹이 들 때 자매들은 어머니의 이야기를 들으며 더욱 강고한 믿음으로 헤쳐 나가고자 노력한다. 이들에게 가족은 여정을 함께하는 동료이자 서로를 응원하며 이끌어 주는 가장 든든한 지원군인 것이다.

지금, 학교는 상담 중에 유독 엄마라는 단어에 펑펑 우는 아이가 있었다. 초등학교 때 부모의 사정으로 떠나 버린 엄마가 너무 그립지만 아빠가 엄마를 절대 못 만나게 해서 슬프다고 했다. 또 다른 아이는 부모의 이혼으로 엄마와 살면서 자신을 예뻐하는 친할머니를 만날 수 없게 됐다며 한 시간 넘게 울기도 했다. 한 아이는 머뭇거리며 나를 찾아와 엄마와 살고 있는데 학교생활기록부(이하 생기부)에서 아빠의 이름을 지워 달라며 울었다. 새아빠의 자식과 한방에 살면서 의붓동생에게 공부를 방해하지 말라고 한마디 했다가 아침 식탁에서 새아빠에게 욕을 먹었다고 울던 아이도 있었다. 그동안 나에게는 이렇게 가족 문제로 마음을 다친 수많은 아이가 찾아왔다. 그럴 때마다 나의 마음은 무너져 내렸고 어떤 도움을 주어야 하는지 깊은 고민에 빠졌다.

가족으로 인해 마음을 다친 우리의 아이들을 생각해 본다. 이 아이들에게 가족은 무엇일까? 없는 것이 나은 존재일까? 아쉬운 대로 있는 것이 나은 존재일까? 비단 이 아이들뿐 아니라 가족이 곁에 있어도 외로워 하는 모든 아이가 『작은 아씨들』을 읽으며 가족의 의미를 다시 생각해 볼 기회가 되었으면 한다.

① 마치 대고모는 유일한 악역인가?

『작은 아씨들』에서 가장 공감하기 어려운 부분은 대부분의 캐릭터가 지닌 절대적 선함이다. 작품 전체를 통틀어 악당 혹은 악역은 등장하지 않는다. 마블 영화같이 영웅과 악당 구도에 익숙한 아이들에게 『작은 아씨들』은 너무나 착한 소설이다. 기껏해야 마치 대고모 정도가 악하다면 악한 인물이니 말이다. 독설을 날리는 정도의 마치 대고모마저 없었다면 밋밋하고 순한 소설이 되었을 것이다.

작품에 이렇게 악역이 등장하지 않는 이유는 역시나 19세기에 살았던 작가의 시대적 배경에서 생각해 보아야 한다. 남성 중심의 사회에서 여성과 남성은 삶의 층위가 달랐으며 활동하는 영역도 달랐다. 따라서 여성의 일상을 중심으로 이야기가 진행되는 소설에서 여성을 비판하는 것은 같은 층위, 같은 영역에 있는 여성으로 국한될 수밖에 없었을 것이다. 그렇다면 같은 층위에서는 누가 비판의 힘을 가질 수 있을까? 남성은 아니나 그에 못지않은 힘을 가진 막대한 부유함 덕분에 주류의 관습 따위는 무시해 버리고 살 수 있는 인물, 즉 마치 대고모 같은 인물만이 같은 여성을 향한 비판의 칼을

들이댈 수 있는 힘과 명분이 있지 않았을까.

물론 『작은 아씨들』은 이러한 여성 중심의 이야기, 그중에서도 조의 이야기를 통해 당대 여성의 자주적이고 독립적인 목소리를 부각시켰다는 평가가 있지만, 그럼에도 이 소설에서 악역으로 분류할 수 있는 인물은 여전히 마치 대고모 한 명인 것만은 분명하다. 그러나 아이러니하게도 이 작품이 쓰인 19세기와 이 작품을 읽고 있는 21세기라는 시간의 간극은 마치 대고모에 대한 관점을 분산시켰다. 현대의 독자들에게 마치 대고모의 독설은 독설이 아니라 가난한 여자가 부자로 살기 위한 방법을 알려 주는 지침처럼 들린다. 게다가 자신이 살던 대저택을 조에게 물려준 것은 자녀 혹은 부모의 입장에서 가장 부러워할 만한 부분이 될 수도 있다.

그러니 다시 한번 물어보자. 마치 대고모가 악역이 맞을까? 오히려 가장 현실적인 캐릭터, 매력 있는 츤데레 캐릭터는 아닐까? 아니면 작품 속 어딘가에 당시에는 용납되었으나 지금은 용납될 수 없어 악역으로 볼 수 있는 인물이 있지 않을까?

② 조와 에이미는 화해를 위한 다툼을 한 것이 아닐까?

책에서 유명한 에피소드 중 하나인 '악마를 만난 조' 챕터를 보자. 조의 원고를 불태운 에이미와 조는 최고조로 갈등을 겪지만 호수에 빠진 에이미를 구하면서 자매들은 극적으로 화해한다. 사건을 따지고 보면 복사본도 없는 조의 원고를 단박에 불태워 버린 에이미의 극단적 행동이나 아직 화가 안 풀린 조를 무리하게 따라나서다가 물에 빠진 에이미의 경솔함이 잘못일 수 있으나 작품에서는 에이미의 경솔함보다는 조의 다혈질적인 면에 초점을 맞춘다. 그리고 조의 뉘우침과 깨달음으로 사건을 마무리한다.

균형 잡힌 시선으로 사건을 바라보는 현대의 독자라면 일방적인 조의 후회에 전적으로 공감하기가 어렵지 않을까? 이 에피소드 이외에도 작품에서는 등장인물 간의 작은 다툼이나 갈등이 어느 한쪽 혹은 양쪽의 뉘우침으로 금세 해결되며, 실상 다툼이 거의 나오지도 않는다. 네 명이나 되는 자매들이 거의 싸우지 않고 사소한 갈등마저 교훈적으로 귀결되는 다소 단순하기까지 한 해결 장면들은 독자들의 눈에 지나치게 이상적이거나 비현실적으로 보일 수도 있다.

③ 모든 사건에 반드시 교훈이 담겨야 했을까?

작품을 읽어 나가다 보면 작가가 개입해 노골적으로 교훈을 주고 있는 장면을 쉽게 발견하게 된다. 가령 1권의 '짐'이라는 챕터에는 현실의 힘듦을 불평하는 딸들에게 어머니가 딸들의 축복받은 삶에 대해 이야기해 주는 장면이 등장한다. 딸들은 어머니의 이야기를 듣자마자 자신들의 불만을 부끄럽게 여기며 곧바로 깨달음을 얻는다. 1권의 '창피를 당한 에이미'라는 챕터에도 학교에서 체벌을 당하고 분개하는 에이미가 결국 자신의 자만심과 오만한 태도를 깨닫는 에피소드가 등장한다.

사건이란 당사자 간의 행위로 인한 인과관계의 결과다. 그런데 작가는 모든 사건을 원인과 상관없이 교훈적 결론으로 도출하는 듯 보인다. 물론 이런 교훈으로 독자들에게 깨달음을 주겠다는 의도가 잘못된 것은 아니다. 다만 그러한 교훈은 그 사건을 읽어 내는 독자의 몫이지 작가의 몫은 아니다. 작가는 독자에게 사유할 수 있는 최소한의 여백을 마련해 주어야 하지 않을까.

④ 조와 로리, 로리와 에이미의 관계가 이해되는가?

1권을 읽어 본 독자들이라면 조와 로리의 극적인 첫 만남을 잘 기억하고 있을 것이다. 〈작은 아씨들〉 영화(1994, 2019)에서도 이 장면은 가장 인상적이고 신나는 명장면으로 꼽힌다. 또래에 성격도 잘 맞는 조와 로리는 1권 내내 절친으로 각종 사건을 일으키며 그 누구보다 가까운 사이로 그려진다. 반면 마냥 어린아이로 그려지는 에이미와 로리가 나중에 결혼하게 된다는 복선은 전혀 나타나지 않는다. 따라서 독자들은 당연히 조와 로리의 연애 가능성을 생각하게 되지만, 둘 사이에 다른 사람, 그것도 다른 자매가 끼어들 거라고는 쉽게 상상할 수 없다.

문제는 플롯의 설득력 부족에 있다. 조가 로리의 마음을 눈치채고 떠나 버리는 과정, 상심한 로리가 에이미에게 사랑을 느끼는 과정, 혹은 언니에게 거절당한 남자를 동생이 사랑하게 되는 과정이 작품에는 충분히 드러나지 않는다. 1권 전체에서 로리와 조의 관계를 보여 준 데 비해 거절의 이유는 고작 한 페이지 정도로만 설명된 것도 이해하기 어려울 수 있다. 또한 크게 상심한 로리가 다시 사랑에 빠지는 대상이 남매와도 같은 에이미, 즉 자신을 거절한 여자의 동생이라는 파격적인 설정에도 독자들이 공감할 만한 뚜렷한 이유가 보이지 않는다. 그러다 보니 로리를 피해서 뉴욕으로 간 조가 그곳에서 만난 바에르 교수를 보고 곧바로 호감을 갖는 부분까지도 설득력이 부족해지는 것이다. 사랑과 이별에 논리를 찾는 일은 무의미할 수 있으나 문학이기에 독자를 위한 좀 더 친절한 장치는 필요해 보인다.

⑤ 바에르 교수는 완벽한 남자인가?

2권의 '애달픈 마음' 편에서 로리를 거절하고 집을 떠난 조는 바로 다음 편인 '조의 편지'부터 뉴욕의 일상을 편지 형식으로 가족들에게 알린다. 그런데 재미있게도 조는 첫 편지에서부터 바에르 교수를 언급하면서 그에게 적극적으로 관심을 보인다. 그 이후의 모든 편지는 스스로도 인정하듯 바에르 교수를 중심으로 한 조의 일상 소개다.

작가로서의 삶에 대한 확고한 목표나 결혼하지 않겠다는 조의 이전 모습을 떠올린다면, 그리고 로리라는 매력적인 캐릭터를 단번에 거절했던 장면을 떠올린다면 이렇게 빠르게 바에르 교수에게 빠지는 과정 역시 쉽게 납득되지 않는다. 특히나 현대의 독자들은 로리와 바에르 교수를 비교해 보면서 조의 선택이 지나치게 비현실적이고 이상적인 것 같다고 판단할 수도 있다. 물론 조의 이상형이 반드시 일반적일 필요는 없으며 바에르 교수라는 캐릭터는 실제로 평생 미혼으로서 사회적으로 고양된 삶을 살고자 했던 작가의 남다른 남성관이 반영된 캐릭터라는 사실을 명심해야 한다. 그렇기 때문에 조가 사랑에 빠지고 결혼에 이르는 과정이 보통의 연애를 생각하는 독자에게는 공감을 얻기 어려울 수 있다.

〈작은 아씨들〉(1994)

원작의 타임라인을 그대로 살려 제작했으며, 1, 2권의 내용을 모두 담고 있다. 책과 같은 흐름이므로 수업 시간에 활용하기에 용이하다. 스토리뿐 아니라 의상이나 배경 등도 고증이 잘되어 있어 글로만 읽었을 때는 알기 어려운 시대적 배경을 참고하기에 좋다.

〈작은 아씨들〉(2019)

원작의 타임라인을 가져가지 않고 조가 출판사에 들어가 자신의 작품을 출판 의뢰하는 장면으로 시작하는 영화. 조의 뉴욕 생활을 현재로 잡고 조의 회상과 현재를 번갈아 가며 스토리를 진행한다. 조를 통해 여성 중심의 목소리를 뚜렷하게 내고 있다는 것이 특징이다.

〈오징어와 고래〉(2005)

〈결혼 이야기〉(2019)로 널리 알려진 뉴욕 출신의 노아 바움백 감독의 자전적 작품이다. 부모의 이혼 과정과 그 이후 자녀들이 겪게 되는 혼란과 불안, 성장을 조명하고 있다. 제목의 오징어와 고래는 아이들이 어렸을 때 부모와 보았던 자연사 박물관의 전시물이었다. 거대한 오징어와 고래의 싸움은 아이들에게는 두렵고 보고 싶지 않은 것이었으나, 우리가 보지 않아도 일어나고 있는 생태계의 일이다. 이처럼 아이들에게 현실적 고난은 피하거나 부정하고 싶어도 발생하고 있으며, 이 와중에도 아이들은 성장하고 있음을 보여 주는 다소 냉소적이고 현실적인 작품이다.

〈바닷마을 다이어리〉(2015)

가족의 이야기를 천재적으로 담아내는 일본의 거장 고레에다 히로카즈 감독의 가족 영화다. 주인공은 『작은 아씨들』과 마찬가지로 네 명의 자매지만, 이 중 막내인 스즈는 배다른 동생이다. 이 영화에서 자녀들이 겪는 어려움은 부모들의 무책임하고 이기적인 행동으로 인한 것이다. 그러나 자녀들은 자신들을 두고 떠난 부모를 원망할지언정 삶을 포기하지는 않는다. 또한 자신들과 같은 입장의 스즈마저 가족으로 받아들인다. 다소 극단적인 설정이기는 하나, 자녀 입장에서 고난을 극복하고 상처를 회복하는 모습을 잔잔하게 잘 그려 낸 수작이다.

자기 앞의 생	에밀 아자르 *Emile Ajar*
참고도서	문학동네, 2004년, 용경식 옮김

　교사는 다양한 아이를 만난다. 하지만 제한된 소통만으로는 아이들이 교문 밖에서 어떻게 살아가는지 파악하기 쉽지 않다. 어떤 문제를 알게 될 때는 대개 문제가 극에 달해 폭발한 이후다. 그럴 때마다 드는 죄책감과 자괴감은 쉽게 극복되지 않는다. 교실에서 웃고 있는 아이들이 정말 행복한지, 교사의 손길과 다정한 말 한마디가 필요한 상황인지는 다가가서 물어보지 않는다면 절대 알 수 없다.

　상상할 수 없는 어려운 상황에서도 꿋꿋하게 학교에 다니며 공부하던 수많은 제자가 떠오른다. 나보다 더 어른스러웠던 그 아이들이 지금도 어딘가에서 자신의 상황에 좌절하지 않고 자신 앞에 놓인 불친절한 생의 길을 따라 묵묵히 걸어가고 있음을 잘 알고 있다. 여기에서는 너무 빨리 어른이 되어 버린 그들, 그리고 비슷한 상황에 놓인 다른 아이들을 생각하며 그들이 살아갈 원동력이 되어 주는 것은 무엇인지 생각해 보고자 한다.

① 『자기 앞의 생』의 작가는 누구인가?

이 작품의 작가는 로맹 가리로 본명은 로만 카체프이며, 에밀 아자르라는 필명으로도 활동했다. 러시아 제국(현 리투아니아)의 빌나에서 태어났고 어머니와 함께 세 살 때 러시아를 떠나 프랑스에 정착했다. 이들은 프랑스로 이주한 후 유대인이라는 뿌리를 잊은 채 완벽하게 프랑스인이 되려고 노력했다. 아버지가 누구인지는 불분명하나 작가 스스로 자신과 닮은 러시아의 유명 배우 이반 모주킨의 아들이라고 주장한 적도 있다. 그의 어머니는 평생 아들을 위해 헌신하며 그의 일생에 지대한 영향을 끼쳤다.

가리는 고등학교 시절부터 글에 두각을 나타내며 19세에 소설을 쓰기 시작했다. 2차 세계대전 중에는 자유 프랑스에 가담해 공군으로 복무하고 프랑스 정부로부터 훈장을 받기도 했다. 1941~1961년에는 외교관을 지냈으며 1944년에는 첫 번째 부인인 레슬리 블랜치와 결혼했다. 1956년, 『하늘의 뿌리』라는 작품으로 첫 번째 공쿠르상을 수상하며 대중적인 스타 작가가 된 이후 아내와 이혼하고 1959년에 21세의 미국 배우 진 세버그와 결혼했다. 여러 편의 영화

대본을 쓰고 연출과 감독을 맡았으나 흥행에는 실패했다. 1975년에는 에밀 아자르라는 필명으로 『자기 앞의 생』을 발표해 공쿠르상을 또다시 수상했으나 1980년 12월 2일, 몇 달 동안 집필을 중단하던 시기에 권총 자살로 생을 마감했다. 1981년 유서처럼 남긴 「에밀 아자르의 삶과 죽음」이라는 소책자에서 로맹 가리와 에밀 아자르가 동일 인물이었음을 밝혔다.

▶ 참고자료 - [책] 『자기 앞의 생』 「에밀 아자르의 삶과 죽음」
▶ 참고영상 - [영화] 〈새벽의 약속〉(2017): 작가의 어린 시절을 담은 영화

② 작가의 두 번째 부인이었던 진 세버그는 누구인가?

가리의 두 번째 부인이자 미국의 영화배우였던 세버그의 삶은 작가의 삶뿐 아니라 당시 미국의 시대상에 관해 많은 것을 설명해 준다. 또한 그녀가 의문의 죽음을 맞은 뒤 가리 역시 자살했다는 점에서 작가의 죽음을 이해하는 데도 도움이 된다.

진 세버그(1938~1979)는 미국의 아이오와주에서 태어났다. 18세 때 금발의 상큼한 미모와 연기력을 뽐내며 데뷔했고, 누벨바그의 아이콘이자 천재 영화감독인 장 뤽 고다르의 〈네 멋대로 해라〉에서 주연을 맡아 시대의 아이콘으로 급부상했다.

그러나 그녀와 관련된 가장 유명한 사건은 여전히 미스터리로 남은 그녀의 죽음이다. 그녀는 인권 운동, 반전 운동에 적극적이었고 특히 흑인 인권 운동 단체였던 흑표당을 지원하면서 FBI의 타깃이

되었다. FBI는 여러 누명을 씌워 세버그의 인생을 파멸로 몰고 갔는데, 심지어 흑표당 간부의 아기를 임신했다는 루머까지 퍼뜨리기도 했다. 그러던 1979년 8월 그녀가 돌연 실종되었고, 실종 11일 만에 파리 교외의 차에서 유서를 쥐고 숨진 채 발견되었지만 지금까지 죽음의 원인은 밝혀지지 않고 있다.

가리는 세버그와 이혼 후에도 우정을 유지하며 그녀를 물심양면으로 도왔다. 그녀의 변사체가 발견된 이후에는 아들과 함께 분노에 찬 기자회견을 열어 그녀의 죽음은 타살이라고 주장하기까지 했다. 가리는 유서에서 자신이 죽음을 택한 이유는 세버그 때문이 아니라 작가로서 자신을 모두 표현했기 때문이라고 밝혔으나 주변 사람들의 증언에 따르면 세버그의 사망 이후 몹시 상심했다고 한결같이 전하고 있어, 그녀의 죽음이 큰 영향을 끼친 것은 분명해 보인다.

▶ 참고영상 - [영화] 〈세버그〉(2019), [유튜브] SBS 채널 '당신이 혹하는 사이'

③ 이 작품으로 받은 두 번째 공쿠르상 수상은 왜 화제가 되었나?

공쿠르상은 1903년에 제정된 프랑스 최고 권위의 문학상으로 열 명으로 구성된 아카데미 공쿠르가 매년 신인 작가의 작품 중 가장 우수한 작품에 수여한다. 소설가인 에드몽 드 공쿠르와 쥘 드 공쿠르 형제가 죽으며 기탁한 돈으로 가난한 예술가를 돕기 위해 아카데미 공쿠르를 설립하며 시작되었고, 노벨문학상, 맨부커상과 함께 세계 3대 문학상이라고 불린다. 심사 과정은 철저하게 베일에 싸여 있으며 시상식 장소는 파리의 한 레스토랑, 상금은 10유로에 불과할 정도로 독특하지만, 수상작은 전 세계 30여 개 언어로 번역되어 평균 60만 부 이상 판매되기 때문에, 수상 작가들은 세계적인 작가로 발돋움할 수 있는 강력한 발판을 마련하게 된다.

공쿠르상은 원칙적으로 신인 작가에게 수여하기 때문에 한 번 수상하면 평생 다시는 받을 수 없다. 그러나 가리는 1956년 『하늘의 뿌리』로 한 번, 1975년 에밀 아자르라는 필명으로 출간한 『자기 앞의 생』으로 한 번 더 수상했고, 로맹 가리가 에밀 아자르였음이 밝혀진 직후에도 공쿠르 아카데미에서는 상은 작품에 수여된 것이라고 발표하며 수상을 철회하지 않았다. 이로써 가리는 공쿠르 역사상 전무후무한 중복 수상 작가가 되었다.

① 작품의 구성

『자기 앞의 생』의 형식적 구성은 주인공인 모하메드(이하 모모)가 현재 시점에서 과거를 회상하는 방식으로, 내용 면에서는 일종의 추리 소설적 기법을 사용하고 있다. 모모가 자신의 출생의 비밀과 로자 아줌마의 죽음처럼 불확실한 사건을 확정해 가는 과정, 첫 장에서 독자들에게 던진 질문(사람은 사랑 없이 살 수 있는가)의 답을 찾아 가는 과정을 마치 추리하는 것처럼 그려 내면서 독자들의 흥미와 긴장, 공감을 유발하고 지루하지 않게 끌고 간다.

② 작품의 배경

작품의 공간적 배경인 벨빌은 실제 파리의 행정구역 20개 구 중 20번째 구에 속하는 지역이다. 20세기 초부터 이민자들이 대거 정착한 곳으로, 특히 1960년대 초 알제리의 독립 이후 북아프리카 출신의 무슬림 인구가 크게 유입되면서 점차 기존 프랑스계 도시 거주민을 능가하게 되었다. 이런 영향으로 문화적 다양성을 갖춘 벨빌을 긍정적으로 받아들이는 프랑스계 주민들도 있었으나, 대부분은 아랍화, 이슬람화, 아프리카 및 중동인들의 공동체 확산세에 대한 반감이 컸다.

이런 실제 시대적 배경을 기반으로 모모와 다른 등장인물들이 프랑스인에게 차별받고 무시당하는 인종과 계급의 사람임을 이해하게 되며, 이로 인해 모모가 느끼는 삶의 비애와 비정함, 그리고 녹록지 않을 모모의 미래에 공감하면서 이런 상황에서도 사랑을 외치는 모모에게 더욱 큰 감동을 느끼게 된다.

▶ 참고자료 - 송도영, 「서울대학교 비교문화연구 제14집」 1호(2008), pp. 151~184

③ 작품에 등장하는 캐릭터

• 모하메드(모모): 주인공인 열네 살 소년. 세 살 때 로자 아줌마에게 맡겨져 길러진 아랍인 소년이다. 엄마는 매춘부였으나 사망했고, 아빠는 정확하지 않으나 작품에서는 전직 아랍인 포주라고 추측한다. 스스로 철학자라고 할 만큼 인생에 대한 의문과 생각이 많으며, 너무 어린 나이에 삶을 알아 버린 캐릭터다. 극한 상황에서도 상상력과 희망, 사랑을 놓지 않는 아이다. 로자가 죽을 때까지, 그리고 그 이후로도 진정으로 사랑했다.

• 로자: 60세 후반의 전직 매춘부인 폴란드계 유대인. 나치 수용소에 끌려가 고초를 당한 경험이 평생 그녀를 따라다닌다. 50세 초까

지 모로코와 알제리에서 몸을 팔았고, 덕분에 아랍어와 유대어에 능통하다. 매춘부의 아이들을 보살펴 주는데 그중에서도 특별히 모모를 아낀다. 치매와 모든 장기가 손상되는 질병으로 서서히 죽어가지만, 병원에 가지 않고 지하 동굴로 들어가 모모의 곁에서 사망한다.

- 하밀: 양탄자를 파는 아랍인 할아버지. 나이는 알 수 없다. 나중에는 치매가 심해져서 모모의 이름조차 기억하지 못하지만, 이전까지 모모에게 많은 지혜를 알려 준다.

- 롤라: 같은 건물 5층에 사는 여장 남자. 세네갈 출신의 권투선수였지만 여자로 살고 싶어 하는 착하고 인정 많은 캐릭터다. 로자의 병이 심해지고 도움이 절실할 때 물심양면으로 로자와 모모를 돕는 착한 캐릭터다.

- 나딘: 20대 중반의 백인 여성. 남편과 두 아이가 있고 프랑스계 백인으로 보이며 직업은 성우다. 모모를 처음 봤을 때부터 호의적이다. 로자가 죽은 뒤 모모를 자신의 집으로 데려간다.

알맹이 채우기

1. 내 마음에 가장 와닿는 캐릭터는?

2. 가장 기억에 남는 에피소드는?

3. 가장 마음에 안 드는 에피소드나 캐릭터는?

4. 가장 기억에 남는 구절이나 대사는?

① 아이가 아이답다는 것은 무슨 의미일까?

모모는 세 살 때부터 로자 아줌마와 살면서 너무 빨리 세상을 알아버린다. 학교에 다니며 또래와 생활할 시간에 하밀 할아버지와 어울리고 거리에 나가 생계비를 벌면서 세상의 감춰진 뒷모습을 미리 본 것이다. 자신의 경험에서 서른 살 의사 정도는 애송이라고 생각하게 된 모모를 보면서 우리는 모모를 조숙한 아이, 혹은 철이 너무 빨리 들어 버린 아이라고 느끼게 된다.

지금, 학교는 내가 시어머니라고 부르던 여학생이 있었다. 고등학교 2학년이었던 그 아이는 마치 엄마가 딸을 챙기듯 나를 챙겼다. 청소 시간에 내 서툰 비질을 보고 빗자루를 빼앗아 비질하는 방법을 가르치기도 하고, 커피를 물처럼 마셔 댄다며 등굣길에 생수를 사서 내 책상에 올려놓기도 했다. 내가 몸이 안 좋아 보이면 약국에서 쌍화탕과 몸살 약을 사 와서 먹을 때까지 교무실에서 나가지 않기도 했다.

이후 그 아이의 억척스럽고 어른 같았던 말과 행동이 사실은 어려운 가정 형편과 몸이 약한 엄마 때문인 것을 알게 되었다. 아이의 엄마는 알코올의존증이었던 아빠와 이혼한 후 홀로 보험설계사를 하며 남매를 양육했고, 몸이 약한 엄마가 일을 쉴 때면 아이가 아르바이트를 해 가며 살림을 도운 것이다. 공부를 잘했던 오빠에게 학원비를 몰아주고 자신은 전문학원에 입학해 빨리 취업하고 싶다는 계획도 알게 되었다. 이런 이야기를 듣는 먹먹한 내 마음과 달리 내 앞에서 자신의 삶을 열어 보인 그 녀석은 아무렇지도 않았다. 졸업후 그 아이는 계획대로 전문학원에 입학했고, 아르바이트를 해서 번 돈으로 떡볶이를 사서 나를 찾아왔다.

'아이답다', '어른답다'처럼 우리는 무엇답다는 말을 일상적으로 사용한다. 사람은 누구나 일생의 흐름에서 어느 단계에 속해 있으며, 그 단계에서 당연히 경험해야 할 일을 해 나갈 때 '사람답다'고 말할 수 있다. 너무 빨리 어른이 되어 버린 아이들은 보통의 기준에서 몇 단계를 뛰어넘어 다른 곳에 가 있는 것이다. 마땅히 그들이 누려야 할 단계에서의 경험을 누리지 못하는 아이들, 그런 아이들이 생각보다 우리 주변에는 너무 많다.

② 가족은 어떤 사람들을 말하는 걸까?

가족의 개념을 단순히 한 가지로 정의할 수 있을까? 우리는 얼마나 다양한 형태의 가족을 알고 있을까? 모모는 세 살 때 로자 아줌마의 집에 맡겨졌기 때문에 그 이전의 삶은 알 수 없다. 자신을 인식할 무렵에는 이미 생물학적인 부모를 떠난 지 오래였고 로자 아줌마를 보호자로 여기고 있었기 때문이다. 죽을 때까지 자신을 헌신적으로 돌봐 준 로자 아줌마를 엄마라고 부른 적은 없었으나 모모와 로자 아줌마는 알고 있었다. 자신들을 돌봐 주고 사랑해 줄 사람은 둘뿐이라는 사실을 말이다. 로자 아줌마는 모모에게 엄마 그 이상의 존재였다. 자신을 진심으로 사랑하고 키워 주었기 때문이다. 이러한 관점에서 보면 모모가 자신의 생물학적 아빠의 죽음 장면에서 상실로 인한 아픔을 깊게 느끼지 않았던 것도 이해할 수 있다. 가족이란 보통 생물학적으로 혹은 같은 유전자로 묶인 사람들을 이르지만, 서로에 대한 온당한 보살핌과 진정한 애정이 전제되지 않는 한, 단지 이런 관계만으로 그들을 가족으로 받아들이기는 어려워 보인다.

지금, 학교는 수업을 하고 있는데 문득 경찰차가 들어오는 모습이 보였다. 대수롭지 않게 여기고 수업을 마친 뒤 교무실에 갔더니 충격적인 소식이 나를 기다리고 있었다. 내가 가르쳤던 아이들 중에서도 똑똑하고 성실해서 나와 유독 가까웠던 아이를 태우러 왔다는 것이었다.

그 아이의 아빠는 주취가 심했다. 술만 먹으면 엄마에게 폭력을 휘둘렀는데, 그날도 엄마가 숨겨 놓은 생활비를 찾아내 술을 마신 뒤 뒤늦게 퇴근한 엄마와 다투다 결국 엄마가 화를 참지 못하고 아빠를 칼로 찔렀다는 것이다. 아빠를 응급실로 보낸 후, 엄마는 경찰에 전화를 걸어 자수했고 경찰들은 조사를 위해 아이를 데리러 오게 되었다. 그 아이의 웃는 얼굴이 떠오르며 억장이 무너졌다. 교사 생활을 통틀어 가장 충격적인 사건이었다.

그 이후 엄마는 정상 참작되어 풀려났고, 아이는 얼마간 아빠 곁에 있다가 엄마가 있는 곳으로 도망쳤다. 아이에게 도움이 필요하면 언제든지 전화하라고 했지만, 그 후 연락이 끊겼다. 지금은 성인이 되었을 그 아이가 이제는 상처를 딛고 자신의 인생을 충만하게 살고 있기를 바란다.

가족은 같은 유전자를 가진 사람들의 모임을 뛰어넘어야 한다. 가족 구성원 사이에 무조건적인 신뢰와 애정이 담보되지 않는다면, 아이들은 더한 슬픔을 느낄 것이다. 가족이란 단순히 생물학적으로 연결된 관계가 아니라 정신적·심리적 관계를 아우를 수 있는 사람들이어야 한다. 생물학적인 가족의 역할과 자리를 채워 주는 사람이 곁에 있다면, 그들이 바로 진정한 가족인 것이다.

▶ 참고영상 - [영화] 〈어느 가족〉(2018), [영화] 〈미쓰백〉(2018)

③ 조건 없는 사랑이 가능할까?

모모는 자신의 생애 첫 슬픔은 로자 아줌마가 돈을 받고 자신을 키우고 있다는 것을 알았을 때라고 말했다. 로자 아줌마가 자신을 사랑해서 맡은 게 아니라 돈을 조건으로 키웠다고 생각한 것이다. 그 길로 그는 하밀 할아버지를 찾아가서 묻는다. '사람은 사랑 없이도 살 수 있냐'고. 모모는 로자 아줌마가 죽은 다음에야 그 답을 알게 된다.

로자 아줌마는 정말 돈 때문에 모모를 키운 걸까? 받은 돈만큼만 모모를 신경 썼던 걸까? 소설에서 그녀는 모모의 나이를 거짓으로 알려 준다. 모모가 독립할 나이가 되면 자신의 곁을 떠날까 봐 두려웠던 것이다. 평생 돈과 사랑의 행위를 교환해서 생계를 유지해야 했던 로자에게 모모는 순수한 사랑의 대상이었고, 자신에게 무언가를 요구하는 존재가 아니라 자신이 무언가를 줄 수 있는 존재였다. 돈으로는 도저히 환산이 안 되는 그 무언가를 우리가 사랑이라고 말해서는 안 될 이유가 있을까.

지금, 학교는 담임 학급에 유독 눈에 띄는 아이가 있었다. 매사에 철두철미하고 냉철해서 다소 차갑게 느껴지기까지 하던 아이였다. 그 아이가 궁금했던 차에 한번은 그 아이와 가까워질 기회가 왔다. 우수한 성적 덕분에 대입 자기소개서와 교사 추천서가 필요했기 때문이었다. 아이와 서류를 작성하면서 자연스럽게 다양한 이야기를 하게 됐고, 잘 웃지 않던 아이의 굳은 얼굴에도 미소가 자주 보였다. 교사를 희망했던 그 아이에게 교사로서 나의 경험들을 진솔하게 말해 주었고, 나는 그 아이와 마음의 교류를 했다고 느꼈다. 많은 시간을 쏟고 정성을 들였던 서류는 다행히 그 아이에게 도움이 되어 아이는 원하던 대학에 입학할 수 있었다.

하지만 대학에 입학한 후 그 아이에게서 종종 오던 연락이 어느 순간부터 뚝 끊겼다. 교사로서 제자들에게 하는 모든 행위는 우둔할 만큼 이타적인 마음에서 시작되므로 이런 일이 아쉬울망정 서운해 해서는 안 된다. 우리는 다만 그들이 가끔은 우리의 이 순수한 헌신을 깨닫고 다른 사람들에게도 그렇게 똑같이 행동하길 바랄 뿐이다. 어쩌면 이것이 교사들이 거는 단 하나의 조건일 수 있겠다.

세상에 쉬운 사랑은 없다. 사랑에는 필연적으로 어느 한쪽의 헌신과 희생이 따르며, 때로는 응답받지 못해 외로움을 느낄 수도 있다. 인간이므로 사랑하는 사람에게 조건을 걸 수도, 기대를 할 수도 있다. 하지만 사랑 자체에는 조건이 없어야 하며 내가 거는 조건과 기대가 그 사람을 사랑하는 마음에서 비롯되었는지는 고민과 성찰이 필요하다.

④ 사람은 사랑 없이 살 수 있을까?

모모는 로자 아줌마가 죽은 후 나딘 아줌마의 별장에서 사람은 애정의 대상 없이 살 수 없다는 것을 깨닫는다. 그리고 작가는 사랑해야 한다는 말로 작품을 마무리한다. 작품의 제목처럼 우리는 모두 자신 앞에 놓인 인생을 살아간다. 그 과정에서 짊어지고 나갈 짐이 있어도 스스로 그 무게를 견뎌야 한다. 아무도 나의 인생을 대신 살아 주지는 못하기 때문이다. 하지만 그 과정에서 타인의 어깨에 기대어 잠시 쉴 수는 있다. 그것이 바로 작가가 말하는 사랑이다.

지금, 학교는 고등학생을 가르치다가 중학생을 상대하게 되니 그들의 대화법이 낯설어 초반에는 무척 어려움을 겪었다. 문제아라고 주목받는 아이들과의 대화가 특히 난감했다. 한 아이는 항상 반항기 가득한 눈빛에 거친 말투와 행동으로 수업 시간에도 안하무인으로 굴었다. 그 아이를 고등학생을 대하듯 기선을 제압한 지 여러 번, 마침내 내 수업 시간에서만큼은 얌전하게 자리를 지켰다. 비록 냉랭한 눈빛은 여전했지만 말이다.

나는 그 아이의 사연이 궁금했고, 결국 따로 대화하는 시간을 갖게 되었다. 여러 차례 대화를 나누면서 그 아이가 다문화 가정의 아이로 아빠가 없는 상황에서 한국말이 어눌한 엄마와 살며 온당한 관심과 보호, 그리고 가정학습이 부족한 환경에서 지내고 있음을 알게 되었다. 또한 늘 바쁜 데다가 언어가 다른 어머니와의 소통이 절대적으로 부족하고, 딱히 자신의 심정을 토로할 만한 어른이 주변에 없다는 사실도 알게 되었다. 이후 기회가 닿는 대로 그 아이에게 관심을 주고 토닥이며 격려했다.

한 학기가 끝나 갈 때쯤 그 아이의 눈빛은 부드러워졌고, 처음으로 자신의 꿈에 대해서 말하기 시작했다. 그리고 나와 지나칠 때면 공손하게 허리를 숙이거나 유난히 예쁜 눈으로 살짝 웃음을 짓기도 했다. 내가 그 아이의 인생을 책임져 줄 수도, 이끌어 줄 수도 없다는 것을 우리는 안다. 하지만 나라는 접점이 그 아이에게는 비바람을 피할 수 있는 작은 휴식처이길 바란다.

학생들은 힘든 수험 기간에 늘 공부하는 자리를 함께 지켜 주고 어깨를 토닥여 주는 부모님 덕분에 더욱 힘을 낸다. 하물며 어른이 되고 나서도 승진에서 누락된 날 기분을 풀어 주기 위해 안 하던 애교를 부리는 배우자의 얼굴에서 행복이 남아 있음을 느낄 수 있지 않은가. 취업은 안 되고 나이만 먹는 것이 우울한 어느 날 선배가 밥 한 끼 사 주며 세상을 향해 같이 욕이라도 해 주면 기운이 나지 않겠는가. 우리가 삶의 여정에서 느끼고 겪는 모든 경험은 개별적인 동시에 보편적이다. 이 덕분에 우리에게는 함께 길을 가는 동무, 즉 사랑하는 사람의 지지와 위로, 공감이 필요한 것이다. 작가가 맞다. 사랑해야 한다.

① 모모는 왜 개를 주고 받은 돈을 버렸을까?

모모는 사랑받고 싶은 만큼 사랑을 주고 싶어 했고, 자신이 누군가에게 속하고 싶었던 만큼 자신에게 속해 있는 누군가를 원했다. 그리고 개가 자신에게 그런 존재가 되어 줌으로써 앞으로 자기처럼 우울하고 불행한 삶에서 벗어나 안락한 삶을 살길 바라는 마음으로 부자에게 넘긴 것이었다. 애초에 돈을 원해서가 아니라 그저 새 주인이 부유하다는 사실을 확인하고 싶어서 큰 액수를 불러 보았고, 돈을 받음으로써 이를 확인했을 뿐이었다. 개는 사랑의 대상, 의지할 수 있는 대상이었으므로 행복에 대한 염원이자 사랑의 마음을 담아 돈을 버림으로써 자신의 사랑을 돈으로 바꾸었다고 생각하지 않은 것이다.

② 모모는 왜 나딘을 몰래 따라갔다가 그녀의 아이들을 보고 실망했을까?

나딘을 처음 만난 순간부터 모모는 그녀에게서 알 수 없는 희망을 느꼈다. 모모는 나딘을 만난 시점에 이미 로자 아줌마와 머지않은 시점에 이별해야 한다는 것을 알았고, 로자가 없더라도 자신의 미래는 긍정적이었으면 좋겠다는 생각을 많이 하고 있었다. 어린 모모는 여전히 자신 곁에 머물며 돌봐 줄 사람이 필요했고 나딘이 이런 꿈을 실현해 줄 것 같은 막연한 희망의 대상이었을 것이다. 그런 나딘에게 아이가 있다면 더 이상 아이, 특히 아랍인 소년을 원할 리가 없기 때문에 자신을 위한 공간이 사라졌다고 생각해 실망하고 절망한 것이다.

③ 모모는 왜 롤라 아줌마가 세상 누구와도 다르다고 생각했을까?

모모가 자신을 인식하는 나이가 되었을 때 모모의 주변에는 외부인들이 보기에 사회에서 부적합하거나 부족하다고 취급받는 사람들뿐이었다. 전직 매춘부였던 유대인 로자 아줌마, 늙어서 치매 증상을 나타내는 아랍인 할아버지, 글도 쓸 줄 모르는 흑인 포주, 프랑스인이지만 퇴직하고 자식도 찾아오지 않는 백인, 15세에 이미 거리에서 온갖 궂은 일을 닥치는 대로 하는 흑인 소년 등 누구 하나 주류 사회에 속한 사람은 보이지 않는다.

모모는 여장을 하고 싶어서 몸을 파는 전직 권투선수 롤라에게 마음을 썼다. 그녀는 여자보다 더 여성스러운 성품과 마음을 지녔으나 아기는 가질 수 없었으므로 모모는 롤라를 진심으로 안타깝게 생각한다. 남다른 상황에서 남다른 사람들과 사는 모모에게 사람의 유형은 어쩌면 남성과 여성, 유색인종과 백인이 아닌 흔치 않은 좋은 사람과 흔한 나쁜 사람으로 나누어졌던 것은 아닐까. 이런 기준으로 남다른 성 정체성과 힘든 직업에도 불구하고 흔치 않은 좋은 사람이었던 롤라는 세상의 어떤 기준에도 속하지 않고, 심지어 세상의 기준을 뛰어넘은 누구와도 다른 사람이었을 것이다.

④ 모모는 왜 암사자를 불러들인 걸까?

모모는 정착해서 보호받고 돌봄받고 싶어 하지만 현실은 그러지 못했다. 그런 이유로 자신의 상상 속에서 필요한 존재들을 불러내곤 했다. 피곤해서 잠을 자고 싶을 때는 푸른 광대를 불러냈고, 로자 아줌마를 잃고 혼자 남게 될까 두려울 때는 암사자를 불러냈다. 암사자는 카츠 선생님의 말처럼 새끼를 보호한다. 성장기의 아이에게 가장 큰 결핍은 돈을 벌어다 주는 아빠의 부재보다 품에 품고 젖을 물리며 자장가를 불러 주는 엄마의 부재다. 암사자가 보여 주는 사자로서의 강인함과 새끼를 보호하는 모성애는 생물학적 엄마의 부재에 이어 엄마의 역할을 대신해 주었던 로자의 임박한 죽음으로 인해 불안한 모모에게 무엇보다 필요했던 것이다.

⑤ 모모는 왜 로자 아줌마를 지하 동굴로 데려갔을까?

사랑하는 사람을 잃는 것보다 더 큰 고통은 사랑하는 사람을 분명한 고통 속에 방치하는 일인지도 모른다. 로자는 이미 몸의 여러 기관이 심각하게 훼손되어 병원에 가더라도 간신히 생명 연장만 가능한 상태였다. 이 때문에 로자는 여성으로서의 자존감과 인간으로서의 존엄이 최소한이나마 남아 있는 상태에서 스스로 죽음을 선택했고, 이것은 어린 모모에게도 충분히 납득되었다. 자신의 이런 능동적·자발적 죽음을 위해 일찌감치 은신처를 마련해 두었던 로자의 소원을 이뤄 주는 것은 그동안 모모를 돌봐 주었던 로자에게 모모가 해 줄 수 있는 진정한 사랑의 표현이었다.

생각훈련 독서법

〈자기 앞의 생〉(2020)

로맹 가리의 원작을 바탕으로 제작되었으나 다른 점이 많다. 따라서 수업 전에 미리 감상하고 독서 수업에 들어가는 것이 좋다. 원작과 크게 달라진 점은 ①배경(이탈리아), ②모모가 여섯 살까지 엄마랑 살며 세네갈 출신이라는 점, ③로자 아줌마에게 맡겨지는 시기, ④모모가 학교에 다닌다는 점, ⑤마약을 판매한다는 설정 등이다. 모모와 로자 아줌마와의 관계라는 핵심 설정은 유지되나 소설의 핵심 주제인 '사람은 사랑 없이 살 수 없다'는 메시지를 명시하지는 않았다.

〈자전거를 탄 소년〉(2011)

유럽의 거장 다르덴 형제 감독이 만든 벨기에 영화로, 아버지에게 버림받은 아이의 무참한 심정과 그런 아이를 조건 없이 따뜻하게 품어 주는 어른의 이야기를 담담하게 그려 놓았다. 주인공 소년의 아버지를 보며 모모와 로자의 관계를 생각해 볼 수 있다.

〈플로리다 프로젝트〉(2017)

이 영화의 특징은 영화의 배경과 현실이 극명한 대조를 이뤄 직관적으로 삶의 비극을 알 수 있다는 점이다. 비참한 현실을 천진하게 살아가는 아이들이 등장하지만 이들에게도 따뜻한 어른들이 존재한다. 이들을 보면 모모를 도운 어른들이 떠오른다.

〈아무도 모른다〉(2004)

고레에다 히로카즈 감독의 대표작이다. 이 영화는 1988년 일본에서 실제 발생했던 최악의 아동 방치 사건인 '스가모 사건'을 모티프로 삼았다. 부모의 역할, 어른들의 이기적이고 무책임한 선택으로 인한 아이들의 고통, 그럼에도 그 과정에서 성장하는 아이들에 대해 생각해 볼 수 있다.

〈가버나움〉(2018)

전 세계의 극찬을 받은 레바논 영화다. 주인공인 열두 살 소년 자인은 부모 때문에 고통스러운 삶을 살다가 카피 그대로 "나를 세상에 태어나게 한 부모를 고소하고 싶어요."라고 외친다. 배우가 아닌 일반인들이 연기를 했다는 점, 실제 레바논의 현실을 사실적으로 담아냈다는 면에서 수작으로 평가받는다.

| 데미안 | 헤르만 헤세 *Hermann Hesse* |
| | 참고도서 더스토리, 2017년, 이순학 옮김 |

초등학교 3~4학년 무렵, 어른스럽다는 말을 최고의 칭찬으로 생각하던 나는 부모님의 심부름을 해내는 것을 나의 어른스러움을 보여 주는 일이라고 생각했다. 운이 좋은 날에는 잔돈을 용돈으로 받을 수도 있었다. 어느 날 여느 때와 마찬가지로 엄마의 심부름으로 물건을 사고 잔돈을 챙겼는데 평소와는 달리 몇천 원이나 되는 큰 돈이 내 손에 들려 있었다. 그날따라 엄마는 잔돈을 달라고 하지 않으셨고 나 역시 그 돈을 그대로 주머니에 넣어 두었다. 여느 때와 달리 액수가 큰 잔돈에 욕심이 생겼던 것이다. 나는 찜찜하고 불편한 마음과 싸워 가며 그날 밤을 넘겼다. 나의 잔돈 사건은 하루 만에 전모가 밝혀졌다. 엄마는 잔돈을 잊으신 것이 아니라, 그냥 나에게 주신 것이었다. 돈 몇천 원에 고심하며 온갖 생각으로 간신히 잠들었던 나의 길었던 밤이 허무했다. 정직하지 않았던 어린 나에게 그 밤은 어른스러운 고민을 했던 첫 번째 밤으로 남게 되었다.

① 『데미안』의 작가는 누구인가?

작가인 헤르만 헤세는 1877년 7월 2일 독일 남부 슈바벤 지방의 소도시 칼프에서 태어났다. 헤세는 소설가로 잘 알려져 있지만, 네 살 때부터 시를 썼던 시인이었으며 화가이기도 했다. 선교사인 아버지와 동양학자인 어머니 밑에서 자랐는데, 슈바벤의 아름다운 풍광은 상상력이 풍부하고 동물과 식물에 관심이 많은 헤세가 시인의 꿈을 키우는 데 도움을 주었다.

14세에는 슈바벤주의 국가시험에 합격해 상급학교인 말브론 신학교에 입학했으나, 엄격한 주입식 교육에 괴로워하다가 기숙사를 탈주하고 자살을 시도하는 등 갈등과 방황 끝에 결국 1년도 못 되어 학교를 나오게 된다. 그 이후 칸슈타트 고등학교에 입학했지만, 그곳도 1년 만에 그만두고 이후 기계 수습공으로 일하다가 19세에 서점 점원이 되었다. 이후 존경했던 시인과 작가 들의 작품을 독학하며 작가의 길을 걷기 시작한다. 헤세의 짧은 학교생활과 그곳에서 겪었던 방황은 이후 그의 작품에서 중요한 소재가 되기도 하는데, 특히 말브론 신학교 시절의 체험은 그의 대표작 『수레바퀴 아래서』와

『나르치스와 골드문트』에 고스란히 반영되었다.

서점에 근무하면서 본격적인 집필 활동을 시작한 헤세는 1904년에 『페터 카멘친트』를 발표하며 문단의 주목을 받고 1차 세계대전 발발 전까지 대표작들을 연달아 발표하지만 전쟁 포로가 된 독일 병사들을 위문하기 위해 신문을 발행하고 반전을 외치다 독일 정부로부터 배신자로 낙인찍히게 된다. 이후 개인적인 불행마저 겹치며 정신과 치료를 받았는데 이때 프로이트의 정신분석학을 접했다. 그리고 새롭게 시작하는 마음으로 1919년에 익명으로 『데미안』을 발표해 대성공을 거두었고, 익명이었음에도 그의 문체를 분석한 사람들이 작가가 헤세임을 밝혀냈다. 이후 더욱 심도 있는 작품들을 발표했고, 대작 『유리알 유희』로 노벨문학상을 수상했다. 1956년에는 헤르만 헤세상이 제정되었으며 1962년 8월 9일에 스위스의 몬타뇰라에서 85세의 나이로 사망했다.

② 성경에 나오는 카인의 표적은 무엇인가?

『데미안』이라는 작품을 읽기 위해서는 '카인과 아벨의 이야기'를 반드시 알아야 한다. 이것은 싱클레어를 깨어나게 한 단초였을 뿐 아니라 데미안, 에바 부인, 싱클레어 모두 카인의 표적을 지닌 사람들로 묶이기 때문이기도 하다. 과연 원래의 이야기는 무엇일까?

카인과 아벨은 구약성서 창세기에 나오는 인물들로 아담과 하와의 아들들이었다. 첫째인 카인은 농부였고, 둘째인 아벨은 양치기였다. 이 둘은 각각 자신의 농작물과 새끼 양을 하느님께 바쳤으나 하느님은 아벨의 제물만을 받았고, 이에 질투를 느낀 카인은 아벨을 들로 불러내어 돌로 쳐서 죽인다. 인류 최초의 살인자가 된 카인은 영원한 유랑 생활이라는 벌을 받고 추방당했는데, 이때 아담과 하와의 다른 자식과 후손 들이 카인을 해치지 못하도록 보호 표식을 받는다. 이것이 카인의 표적이 갖는 원래의 의미다.

데미안은 싱클레어와의 첫 만남에서 카인의 표적이 남과 다른 용기와 힘을 가진 뛰어난 사람, 내면의 힘이 강한 사람에게 붙여진 것일 수 있다는 독창적인 해석을 제안한다. 이후 이 해석은 싱클레어의 삶을 바꾸고 자신 역시 카인의 표적을 단 사람이라고 규정하는 데 기본 전제로 사용된다.

③ 베아트리체는 원래 누구인가?

베아트리체는 『신곡』을 쓴 이탈리아의 작가 단테 알리기에리가 평생 동안 사모했던 여인으로 1266년경 피렌체에서 태어났으며 1290년에 사망한 실존 인물이다. 귀족의 딸로 단테는 아홉 살 때 그녀를 보고 첫눈에 반했다. 그는 『신곡』에서 그녀를 자신의 구원자이자 인도자로 등장시키며 자신의 사랑을 드러낸다. 『신곡』이 발간된 이후 서양에서 베아트리체는 마음의 지주, 동경하는 여성, 남자의 순애보 등 이상적인 대상을 상징하게 되었다. 이런 이유로 싱클레어 역시 자신의 마음을 빼앗아 간 여성을 베아트리체라고 불렀다.

④ 아브락사스는 무엇인가?

『데미안』에 등장해 알려지게 된 아브락사스는 영지주의(선택받은 자에게만 주어지는 영적인 지식) 혹은 그노시스파의 교부였던 바실리데스의 철학 체계에서 사용된 말로 최고신을 의미한다. 영지주의 자체가 1세기 후반에 유대교와 초기 기독교 종파 사이에서 시작된 종교적 사상 및 체계이므로 아브락사스는 고대의 신을 뜻한다. 심리학자인 칼 융은 『죽은 자들에게 주어진 7 강의들』이라는 저서에서 아브락사스를 거룩한 말씀과 저주의 말씀을 모두 갖는, 즉 생명과 죽음, 진실과 거짓, 선과 악, 빛과 어둠을 모두 갖는 신이라고 주장했으며, 당시 융의 친구였던 헤세는 이 영향으로 『데미안』의 기본 구조에 이를 사용한 것으로 알려졌다.

작품에서는 상반된 두 세계 사이에서 방황하던 싱클레어에게 두 세계의 접점에 위치하며 두 세계를 통합하는 아브락사스가 그가 지향해야 하는 내면의 자아를 위한 이상적인 신으로 제시된다.

⑤ 야곱의 싸움/야곱의 씨름이란 무엇인가?

구약성서 창세기 32장에는 야곱이 누군가와 밤새도록 씨름하는 이야기가 나온다. 야곱은 외삼촌 라반의 집에서 20년간 일하며 아내 넷과 아들 둘, 딸 하나를 얻은 후 형인 에서가 사는 곳으로 돌아오는 도중에 브니엘에 머무른다. 그곳에서 갑자기 어떤 이가 나타나 야곱을 붙잡고 동이 틀 때까지 씨름을 하는데, 도저히 야곱을 이길 수 없자 야곱의 엉덩이뼈를 찬다. 동틀 무렵 자신과 싸우던 사람이 신이었다는 사실을 깨달은 야곱은 그에게 축복을 내려 달라고 간청한다. 그러자 그는 "네가 하느님과도 겨루어 이겼고, 사람과도 겨루어 이겼으니 이제 네 이름은 야곱이 아니라 이스라엘이다."라고 말했다. 이 이야기의 핵심은 전능한 신이 야곱에게 승리를 안겨 주고 야곱이 새로운 사람으로 거듭난다는 것이다.

『데미안』에서 야곱의 싸움은 주인공 싱클레어가 멘토 피스토리우스의 가르침을 따르다가 어느 순간 반항하는 마음이 들면서 자신이 진정으로 원하는 모습에 한 단계 더 다가간다는 데에 있다. 그 과정에서 자신을 우러러보며 온갖 귀찮고 성가신 질문을 던지는 크나우어라는 존재가 등장하는데, 결국 그의 질문들로 인해 싱클레어는 자신이 피스토리우스를 떠날 때가 됐음을 더욱 명확하게 깨닫는다. 결국 『데미안』이라는 작품에서 야곱의 씨름은 자신보다 우월한 존재인 스승의 곁을 떠나기 위한 싱클레어 내면의 투쟁과 성취를 그리고 있는 것이다.

생각의 틀 만들기: 테두리 구성하기

① 작품의 구성

이 작품의 화자는 주인공인 싱클레어이며, 중년인 싱클레어가 유년 시절을 회상하는 것으로 시작된다. 화자는 자신의 이야기를 본격적으로 시작하기에 앞서 서문에서 자신이 하려고 하는 이야기의 지향점, 즉 자아를 향해 나아가는 여정을 써 내려갈 것임을 언급한다. 서문을 제외하고 총 여덟 개의 챕터로 구성되어 있으며, 데미안이라는 인물을 만난 유년 시절부터 시간순으로 이야기를 풀어 가다가 마침내 내면에 존재하는 자아를 들여다볼 수 있게 되는 시점에서 끝이 난다.

② 작품의 배경

작가가 『데미안』을 쓰기 시작한 시기는 1차 세계대전(1914~1918)이 한창 진행 중이던 1916년이었으며 책이 발행된 시기는 1919년이었다. 이 시기의 헤세는 세계대전이라는 엄청난 사건 이외에도 아버지의 사망, 반전 활동으로 인한 독일 정부의 탄압, 부인의 정신병 악화 등을 겪으며 본인 역시 정신과 치료를 받았고, 정신분석학을 알게 되면서 심리학에 빠져들었다. 작품의 서문에서 잠깐 언급했듯이, 단 한 번뿐인 인생에서 온갖 현실적 불행을 겪으며 작가는 인간이 가지고 있는 잔인함, 쾌락을 추구하는 본능, 인간 사회에서 야기된 질서의 혼란을 내면에서 있는 그대로 받아들여야 한다고 판단했고, 이런 자신의 변화된 자아를 반영한 소설이 바로 『데미안』이었다.

③ 작품에 등장하는 캐릭터

• 싱클레어: 주인공으로 중년이 되어 자신의 유년기부터 청년이 되는 시점까지를 회상한다. 사립 라틴어 학교에 다닐 만큼 부유한 집안의 아들이지만 어린 시절부터 선과 악의 이분법적 세계에 호기심이 있었다. 두 세계 사이에서 끊임없이 방황하고 갈등하지만, 결국에는 두 세계의 접점에 존재하는 아브락사스를 알게 되어 두 세계 모두를 받아들이는 과정을 겪는다. 이 과정에서 인생의 친구이자 지도자인 데미안을 만나 자아를 깨닫고 닫혀 있던 껍데기를 깨고 나오게 된다.

• 데미안: 어린 싱클레어의 내면에 외부의 세계에 압도당하지 않은 채 웅크린 자아가 있음을 알아보고 그에게 먼저 다가가 친구가 되는 인물이다. 싱클레어가 어려움에 처하거나 도움이 필요할 때마다 나타나 성장의 발판을 마련해 주는 지도자이자 이상향이기도

하다. 싱클레어와 나이 차이가 많지 않음에도 깊은 내면세계를 지니고 있고 싱클레어를 깨우쳐 그가 자아를 찾아 가도록 이끈다. 어머니인 에바 부인과 둘이 살고 있다는 사실 이외에 다른 정보는 주어지지 않은 신비로운 인물이다.

- 에바 부인: 데미안의 엄마로 싱클레어의 이상향이자 이성애의 대상이다. 데미안과 함께 같은 생각과 걱정, 관심사를 가진 사람들의 모임에 참여하고 있으며, 친한 소수의 사람들에게 에바 부인이라는 이름으로 불린다. 데미안과 마찬가지로 나이가 가늠이 되지 않는 내면의 힘을 가진 인물이다.

- 크로머: 싱클레어가 열 살 때 만난 공립학교 학생으로 싱클레어의 거짓말을 구실 삼아 그를 협박하고 착취한다. 선과 악의 두 세계를 인식하던 어린 싱클레어가 최초로 경험한 악의 세계를 상징하는 인물이다.

- 피스토리우스: 고등학교에 진학한 싱클레어가 우연히 만난 신부로 교회에서 오르간을 연주한다. 싱클레어가 데미안과 잠시 떨어져 향락에 빠져 방탕하게 지내던 시절, 즉 악의 세계에 속한 금지된 것들에 탐닉하던 시절에 만난 인물로 싱클레어는 피스토리우스를 통

해 아브락사스를 알게 되고 내면을 더욱 확실히 들여다보게 되지만, 피스토리우스가 제시하는 것들이 결국 미래가 아닌 과거에 속했다는 사실을 깨닫고 그와의 관계를 끝낸다. 작품에서 피스토리우스는 자아를 찾는 여정은 일정 시점이 되면 부모와 스승을 떠나 홀로 겪는 고독한 일임을 깨닫게 해 준 인물이다.

• 크나우어: 고등학교 시절에 만난 같은 학교 학생이다. 그는 금욕 생활과 엄격한 절제로 자기 수양을 하려 하지만 실패하고 자살을 시도하던 찰나 싱클레어가 발견해 목숨을 구한다. 그 이후 싱클레어를 숭배하며 온갖 질문을 던지지만 자연스럽게 싱클레어와 멀어진다. 싱클레어는 크나우어를 통해 불편함을 주는 존재마저도 뜻하지 않은 진리를 깨닫게 해 주는 구원자가 될 수 있음을 알게 된다.

생각훈련 독서법

알맹이 채우기

1. 싱클레어가 말하는 밝음의 세계란?

2. 싱클레어가 말하는 어둠의 세계란?

3. 데미안이 싱클레어에게 해 준 말 중 가장 기억에 남는 것은?

4. 피스토리우스가 싱클레어에게 해 준 말 중 가장 기억에 남는 것은?

5. 작품 전체에서 가장 기억에 남는 구절이나 대사는?

드디어! 생각훈련

(1) **금지된 것을 해 본 첫 번째 경험은 언제였나?**

한 인간이 성인으로 성장하는 과정에는 반드시 거쳐야 할 여러 단계가 있다. 자기 자신을 인식하는 단계에서부터 유년기와 청소년기를 거쳐야 청년, 즉 성인이 되는 것이며, 각 단계는 질적으로 전혀 다르므로 다음으로 도약하기 위해서는 현 단계를 둘러싸고 있는 세계를 벗어나야만 한다.

이 작품은 싱클레어가 열 살 때인 유년기에 시작한다. 유년기의 세상은 이미 성인이 된 자들의 선험적 경험을 선goodness이라는 체로 걸러 선별해 놓은 곳이다. 선한 것, 아름다운 것, 밝은 것으로 채워진 그 세상에서 어린이는 가장 바람직한 가치, 즉 어른들이 짜 놓은 사회적 틀대로 성장한다. 그러던 중 문득 어린이는 일방적으로 부여되는 그 가치들에 의문을 품고, 틀 밖의 세상에 호기심을 갖기 시작한다. 그러다가 아주 용감해진 어느 날 어른들 몰래 밖으로 한 발짝을 내딛지만, 그것이 자신의 유년기를 끝낼 것이라는 사실은 알지 못한다. 그날 이후 어린이는 내면에 감춰져 있던 자기와의 싸움을 시작하게 된다. 드디어 유년기를 뛰어넘을 준비가 시작된 것이다.

생각훈련 독서법

지금, 학교는 학교생활에 심각한 문제가 있던 아이가 있었다. 어른들이 하지 말라는 것만 하는 것은 아닐까 싶을 정도로 온갖 '악행'을 저지르고 다니는 아이였다. 알고 보니 그 아이가 초등학생이었을 때 부모님은 돈이 없다며 용돈을 주지 않으셨다고 한다. 돈이 없어 친구들과 어울릴 수가 없던 아이는 어느 날 집에 놀러 오신 친척 어른의 바지에서 만 원을 훔쳐 친구들과 신나게 놀았지만 걸리지 않았고, 그 후 몇 번 더 어른들의 지갑에 손을 댔다. 결국 걸려서 호되게 혼났지만, 잠깐의 꾸지람과 야단을 맞았을 뿐이었다. 아이는 돈을 안 주면서 자신을 혼내기만 하는 어른들이 무섭지도 않고, 어른들도 나쁜 짓을 많이 하니 아무런 죄책감이 없다고 했다.

성인이 된 그 아이는 지금 어떤 삶을 살고 있을까? 어른들이 공인한 것들은 어른들의 삶의 산물이다. 그 선을 넘으며 어린이는 어른과 부딪히고 어른에게 반문하게 되고, 결국은 모든 질문이 자신에게 돌아옴을 알게 된다. 바로 그 깨달음이 아동을 청소년으로 성장시키는 순간임을 아이들은 알아야 한다. 그리고 어른들은 적어도 아이들이 이런 순간을 깨닫도록 도와주어야 한다.

(2) 당연하다고 여겨지는 사실에 의문을 품은 적이 있는가?

데미안은 싱클레어가 스스로 도약할 수 있도록 그의 잔잔한 내면에 조약돌을 던짐으로써 파문을 일으킨다. 익숙한 진리, 불변의 진리란 없으며 진리마저 주어진 상황과 맥락에 따라 달라질 수 있음을 깨닫도록 계기를 제공하는 것이다. 진리라는 이름으로 우리에게 주입되어 익숙해져 버린 것은 없는가? 모두가 같은 목소리를 내기에 단 한 번도 의문을 품지 않은 진리가 있지는 않았는가?

지금, 학교는 교사라면 누구나 철저히 준비하고 수업에 임해도 가끔 생각지도 않은 부분에서 혼동하는 경우가 있다. 고등학교에서 독해 교재 지문을 가르치다 보면 영어와 무관하게 지문 자체의 내용이 논리적이지 않아서 정답이 애매한 경우가 많았다. 하루는 자신 있게 지문을 분석하고 답을 제시했는데 내 답이 교재의 답과 달랐다. 나는 아이들에게 정답이 잘못 나온 것 같으니 교재를 정정하라고 했고 아이들은 나의 말을 그대로 따랐다. 수업을 마치고 찜찜하게 교무실로 돌아와 지문을 다시 분석해 보니 내가 틀리고 교재의 정답이 옳았다. 다음 시간에 그 학급 아이들에게 나의 실수를 설명하고 정답을 정정하게 했지만 지문의 분석 능력을 가르치던 나에게 그날의 사건은 뼈아픈 교훈을 주었다. 무엇보다 나의 말을 의심하지 않고 전적으로 수용하는 아이들의 신뢰가 그들의 비판적 사고를 막아 버린 것이 아닌가 하는 생각에 나의 위치와 역할을 고민하며 복잡한 마음이 들었다.

이 세상에 당연한 것이 존재할까? 어떤 사안에 모두가 같은 생각,

생각훈련 독서법

같은 목소리를 낼 때, 첫 번째 드는 생각이 '당연하다'가 아니고 '왜'라면 잘못된 것일까? 내가 납득하고 받아들일 수 있는 것, 그것이 '나'의 진리여야 하지 않을까?

③ 나에게 깨달음을 준 사람을 만나 본 적이 있는가?

싱클레어가 결국 껍데기를 깨고 나오기까지는 데미안이라는 걸출한 친구와 피스토리우스라는 스승, 그리고 자신에게 끝없이 질문을 던지던 크나우어라는 존재가 있었다. 그들이 싱클레어의 내면을 뒤흔들며 그가 자신을 찾는 여정을 지속하게 만들어 준 것이다. 우리 역시 마찬가지다. 인지하든 못 하든 삶 곳곳에는 뜻하지 않은 깨달음을 주는 사람들이 존재한다. 우리는 때때로 외부에서 우리를 자극하는 그들을 통해 내면을 성장시키는 것이다.

지금, 학교는 지문을 분석하고 발표하는 수업을 위해 조별 수업을 진행하곤 한다. 다양한 성적의 아이들을 섞어서 조를 짜다 보니 자연스럽게 성적이 우수한 학생들이 조를 이끄는 경우가 많았다.

몇 년 전 고등학교에서 조별 수업을 할 때의 일이다. 성적은 높지 않은데 유난히 질문이 많은 아이와 성적은 높으나 자신의 것만 챙기는 아이가 우연히 한 조에 편성되었다. 나는 그 조를 흥미롭게 관찰했다. 예상대로 질문이 많은 아이가 성적이 높은 아이의 의견에 사사건건 따지듯 반문하는 통에 토론이 원활하지 않았다. 그 둘은 그렇게 질문과 답을 반복하며 거의 싸울 듯한 기세로 토론을 벌이다가 어느 순간 질문 하나에 성적이 높은 아이의 말문이 막혔다. 질문하던 아이의 생각이 더 합리적이었던 것이다. 둘은 극적으로 합의점을 찾았고 그 내용은 고스란히 그 조의 발표에 반영되었다. 질문이 많던 아이는 그날 이후 더욱 자신 있게 질문했고 성적이 높은 아이는 자신의 주장에 좀 더 신중한 모습을 보이기 시작했다. 물론 둘이 친구가 되지는 않았다.

나에게 깨달음을 주는 사람이 늘 거창한 문제 의식을 갖고 있지는 않을 것이고, 그들이 주는 깨달음 역시 거창한 것이 아닐 수 있다. 그러나 중요한 것은 그러한 순간의 의미를 깨닫지 못하면 우리의 성장은 더디거나 멈출 수도 있다는 점이다. 그러니 더 나아가고 싶다면 우리가 갖는 만남에서 의미를 찾는 데에 집중해야 한다.

(4) 부모나 스승의 가르침이 나에게 부족하다고 느낀 적이 있는가?

김나지움에 입학한 후 본격적으로 껍데기를 깨 나가던 싱클레어는 우연히 피스토리우스라는 스승을 만나 자신이 이해하지 못했던 것들을 해석해 주고 논하는 그를 존경하고 따르게 된다. 그의 가르침에 힘입어 스스로 더 크게 성장한 싱클레어는 어느 날 문득 그다음 단계로 나아가기 위해 스승의 가르침은 필요가 없다는 사실을 깨닫고 그와 멀어진다. 절대적인 진리란 없으니 절대적인 스승은 존재하지 않을 것이다. 다만 성장의 단계마다 그 상황에 맞는 스승만이 존재하는 것이다.

지금, 학교는 중학교든 고등학교든 모든 교사는 사랑으로 지도한 아이들을 졸업과 함께 떠나보낸다. 그러나 때로는 졸업하기도 전에 아이를 떠나보내기도 한다. 싱클레어가 그랬듯이 말이다.

고등학교에 근무했을 때의 일이다. 담임 반에 조용하고 숫기 없이 늘 수학 문제를 열심히 풀던 아이가 있었다. 그 아이와 상담하던 중에 나는 그 아이 안에 감춰져 있던 유머 감각과 리더십을 발견했고, 그것을 끄집어내 주기 위해 그 아이에게 이런저런 부장을 맡기며 기회를 마련하려고 애썼다. 그 아이는 조금씩 성격이 달라지며 2학기에는 놀랍도록 활발해졌고 학년 말에는 급기야 학급을 대표해 전교생 앞에서 춤을 추기까지 했다. 1년간 서로 감동을 나누던 우리는 해가 바뀌어 다른 반이 되었다. 그 아이를 가르치지도 담임을 맡지도 않았지만 옆 반을 맡으면서 얼굴은 자주 볼 수 있었다. 그러나 나와 마주칠 때마다 그 아이는 작년에 느낀 친밀함 없이 여느 재학생 중 한 명의 얼굴이 되어 지나쳤고 그렇게 졸업해서 학교를 떠났다. 피스토리우스도 나처럼 복잡한 감정을 느꼈을까.

누군가와 무언가 나눌 기회가 주어진다는 것은 분명 축복임에도 그 기회의 이면에 반드시 이별이라는 전제가 붙어 있는 것이 교사와 제자의 숙명이다. 교사는 껍데기를 부수고 비상하는 제자들의 눈부신 성장에 가슴 가득 감동을 느끼며 멀어져 가는 그 모습을 바라볼 뿐이다. 그들의 비상에 스승은 더 이상 동행하지 않는다. 다만 축복을 기원할 뿐이다.

⑤ 완전한 자아란 무엇일까?

싱클레어는 피스토리우스를 떠나는 시점에 인간에게 주어진 사명이 무엇인지를 깨닫고 각성 단계에 이르게 된다. 결국 인간으로서 자신의 의무와 사명은 자기 자신의 운명을 발견해 이를 내면에서 온전하게 끝까지 지켜 내는 일이며 이 일은 깊은 고독 속에서 행할 수밖에 없다는 것이다. 작품에 나오듯 우리가 세상에서 행하는 다양한 직업들은 부차적인 일일 뿐 그것이 우리 자신을 대변하지는 못한다. 결국 우리가 찾고자 하는 자아는 끝없는 고독 속에서 발견해 끊임없이 다져 나가야 하는 단 하나의 무언가이며 내 의지의 총체다.

지금, 학교는 청소년들에게 생기부는 여전히 중요하다. 생기부에는 진로를 적는 칸이 있어서 담임이 되면 학기 초에 반드시 아이들과 꿈과 진로에 대해 상담한다. 이때 거의 모든 아이가 자신의 진로와 꿈, 직업을 구분하지 못한다. 특별히 좋아하는 것도 없고 잘하는 것이 없다고 말하는 대부분의 아이를 붙잡고, 그들의 내면에 깃들어 있는 자신의 모습을 발견하게 해 주는 일은 그래서 거의 불가능에 가깝다. 그래도 포기하지 않고 1년간 진행해 보면 아이들은 자신의 모습을 발견하는 일이 중요하다는 것 정도는 알게 되고, 운이 좋은 경우에는 드물게 자신의 소명과 의무를 찾기도 했다.

이것은 정말 어려운 이야기이며 어려운 길이다. 그러나 우리가 일상에서 행복과 만족을 느끼지 못하며, 때때로 찾아오는 불안과 두려움에 압도되는 것은 내가 나로서 살아가지 못하고 있기 때문이다. 자아를 찾는 일은 어머니의 몸에서 아이를 밖으로 내보내는 일만큼이나 고통스럽다. 그러니 우리는 선택해야 한다. 불완전한 나로서의 고통과 완전한 나를 위한 고통의 기로에서 어느 길을 갈 것인지 말이다.

> 비판적 독해능력 키우기: 책 넘어서기

1. 싱클레어는 왜 크로머에 대해 이중적인 생각을 가졌을까?

이 대목은 유년 시절의 싱클레어가 열 살의 나이에 이미 대립되는 가치를 지닌 두 세계를 구분할 수 있음은 물론 향후 드러날 아브락사스의 존재가 갖는 의미를 암시적으로 보여 주는 부분이다. 유년 시절에는 누구나 밝은 세계에 당연히 머무르기 때문에 반대편 세상을 인식하지 못한다. 그러나 유년기에서 청소년기로 성장할 즈음 반대편 세상을 인식하면서 어두움의 세계에 대한 호기심과 두려움을 갖게 된다. 그리고 유년 시절은 이런 면을 극복하고 어둠의 세계에 자발적으로 진입하면서 끝이 난다. 이 대목에 나타나는 싱클레어는 바로 이런 단계에 진입한 것이다.

2. 왜 김나지움으로 진학한 싱클레어는 데미안을 동경하면서도 원망하는 감정을 가졌을까?

김나지움에 진학한 싱클레어는 유년기에서 청소년기로 진입했다. 밝음의 세계에만 머물던 유년기와는 달리 청소년기에 들어선 그는 어둠의 세계에 탐닉하기 시작한다. 이렇게 달라진 이유는 데미안으로 인해 내면에 관심을 가진 그가 본성에 이끌렸을 뿐 아니라 두 세계를 모두 경험해야 두 세계를 통합한 하나의 세계를 만들어 낼 수 있기 때문이다. 어둠의 세계를 반드시 경험해야 한다는 것을 알지만, 그럼에도 자신이 홀로 겪어 내야 할 힘든 상황을 가져온 데미안을 동경하는 동시에 원망할 수밖에 없는 것이다.

③ 싱클레어는 왜 크나우어를 귀찮아 하면서도 그가 자신의 인도자이자 하나의 길이라고 생각했을까?

우연히 피스토리우스를 만나 내면의 힘을 발견하고 그 힘을 키워 나가는 과정에 있었던 싱클레어에게 크나우어라는 인물은 데미안에게 큰 영향을 받고 내면을 탐구한 어린 시절의 싱클레어와 흡사해 보였다. 싱클레어가 인지하지 못할지 모르나 크나우어에게 싱클레어는 데미안처럼 누군가에게 강력한 영향을 주는 존재였을 것이다. 이미 어느 정도 내면을 인식하고 그 힘을 키워 가던 싱클레어에게 크나우어는 새로운 외부 자극이었고, 이미 아브락사스를 지향하던 싱클레어는 긍정과 부정을 모두 가지고 있는 크나우어를 자연스레 포용할 만큼의 수준에 도달한 것이다.

〈굿 윌 헌팅〉(1997)

어린 시절 받은 학대로 인해 마음의 상처가 있는 주인공 윌의 치유와 성장을 그린 영화. 치유하는 과정에서 진정한 자신의 가치를 발견한다는 점과 심리치료 과정에서 교수와 서로의 성장을 도모한다는 점 등이 『데미안』을 이해하는 데 도움이 된다.

〈파인딩 포레스터〉(2000)

문학 소년인 흑인 소년 자말이 대작가인 포레스터를 만나 글을 쓰면서 변화하는 과정을 그린 영화. 스승과 제자가 함께 성장하는 모습을 담고 있고, 서로에게 필요한 존재가 되어 간다는 점에서 『데미안』을 이해하는 데 도움이 된다.

〈빌리 엘리어트〉(2000)

영국의 탄광촌에 사는 소년 빌리는 우연히 발레 수업을 본 후, 발레 선생님 윌킨슨 부인의 지도로 발레의 길에 들어서고 성장한다. 아이에게 멘토의 역할이 특히 중요함을 알려 주는 수작이다.

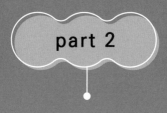

part 2

다른 것 같지만
친숙한

기억 전달자	로이스 로리 *Lois Lowry*
	참고도서	비룡소, 2007년, 장은수 옮김

가끔 휴대폰에 저장된 사진을 본다. 하나씩 화면에 떠오르는 사진들은 나의 삶을 구성해 온 무수히 작은 조각들이다. 그런데 이상하게도 어떤 사진은 그날의 감정을 생생하게 품고 있지만, 어떤 사진은 날짜와 장소가 쓰여 있어도 좀체 기억이 나지 않는다. 기억의 바깥에 놓인 사진을 발견하면, 삶의 작은 조각 하나를 잃어버린 기분이 든다. 존재를 입증할 수 없게 되어 버린 것이다. 기억하지 못하는 순간은 결국 의미와 가치를 상실한 채 삶에서 일정 시간을 앗아 내 삶의 바깥으로 흘러가 버린다.

아이들은 인스타그램이나 틱톡 같은 SNS에 하루에도 수차례씩 올리는 일상을 훗날 얼마나 기억할까? 모든 순간을 기억할 필요는 없겠지만 극적인 감정을 느꼈던 순간, 나를 행복하게 했던 사람과의 순간은 그 사람과 함께 꼭 기억하기를 바란다. 우리 아이들이 풍성한 기억의 들판에서 의미를 잃지 않고 살아가도록 말이다.

생각훈련 독서법

① 『기억 전달자』의 작가는 누구인가?

작가 로이스 로리는 1937년 하와이의 호놀룰루에서 태어났다. 그녀는 어린 시절부터 책 읽기와 글쓰기를 즐기며 작가의 꿈을 이루기 위해 영문과에 진학했으나 2년 만에 학업을 중단하고 19세에 해군 군관이었던 도널드 로리와 결혼해 네 명의 자녀를 낳았고, 이후 1977년에 이혼한다. 중단했던 학업은 결국 대학에 재입학해 이어 나갔고, 지금은 재혼해 행복한 삶을 살고 있다.

로리는 저명한 작가임과 동시에 여러 방면의 전문가다. 뜨개질, 영화, 원예, 요리책 수집을 비롯해 사진으로도 유명해 자신이 직접 찍은 사진으로 여러 권의 책 표지를 만들기도 했는데 그중 하나가 『기억 전달자』다. 또한 오전 8시부터 오후까지 거의 하루도 빼놓지 않고 평균 다섯 시간씩 글을 쓰는 것으로도 유명한데 여러 프로젝트를 동시에 진행한다고 한다.

작가로서는 승승장구했던 그녀도 개인적 삶에서는 여러 차례 고통스러운 비극을 경험했다. 어렸을 때 친언니가 암에 걸려 28세의 나이로 사망한 경험은 그녀의 삶과 작품에 많은 영향을 끼쳤고, 특히 그녀가 마흔 살에 내놓은 첫 번째 소설인 『그 여름의 끝』의 중심 설정이 되었다. 또 다른 사건은 요양원에 입원한 아버지가 기억을 점차 잃어 가는 과정을 지켜보며 느꼈던 상실의 비애다. 당시 아버지는 언니의 죽음마저 잊어버려서 로리는 이를 여러 번 상기시켜야 했다고 한다. 이 경험은 이후 『기억 전달자』에 나오는 공동체의 모태가 되었다. 또한 장남인 그레이는 전투기 추락으로 사망, 딸은 중추신경계가 훼손되는 질병으로 장애를 얻기도 한다. 이처럼 잇달아 발생한 비극적인 경험은 그녀의 작품들에 반복적으로 등장하는 주제들에 영향을 미쳤다. 그러나 로리는 이를 통해 오히려 연대의 중요성을 깨닫게 되었다고 말한다.

로리의 작품에는 개별성, 자유, 기억, 타인과 관계 맺기, 이별, 정체성 찾기 등의 주제가 반복적으로 등장한다. 그녀는 많은 논란에도 불구하고 대부분의 작품을 열린 결말로 맺고 있는데, 그 이유는 이렇게 함으로써 독자 스스로 결말에 개입하면서 독서 행위를 개인적 경험으로 만들 수 있기 때문이라고 한다. 그녀는 『별을 헤아리며』와 『기억 전달자』로 뉴베리상을 두 번 수상했으며, 주요 작품으로는 『기억 전달자』 4부작 시리즈, 『아나스타시아Anastasia』 시리즈 등이 있다.

② 『기억 전달자』의 모티프는 무엇인가?

작품의 배경이 되는 공동체의 모델은 로리가 어렸을 때 군의관이었던 아버지를 따라 일본에서 살았던 경험에서 비롯되었다. 당시 로리의 가족은 아메리카타운에서 살았기 때문에 미국에서와 거의 다를 바 없이 생활했다. 즉, 모든 것이 익숙하고 예측 가능하고 안전했다. 그러나 그곳을 한 발짝만 벗어나면 예측 불가능한 세상이 나타났고 이 경험은 작품에서 안전한 공동체 바깥에 존재하는 외부 세계의 모태가 되었다. 또한 『기억 전달자』의 표지에 실린 사진 속 노인은 로리가 인터뷰하면서 만났던 칼 넬슨이라는 화가였는데, 당시 그는 시력을 잃어서 앞을 보지 못하는 상태였다. 암흑의 상태에서 다양한 색으로 세상을 그려 내는 그를 보며 로리는 색이 숨겨진 세상에 대한 아이디어를 얻었고, 이것은 색을 상실한 공동체의 모습으로 작품에 반영되었다.

이 작품에서 다루는 가장 중요한 주제는 기억의 의미와 중요성인데 이 역시 그녀의 경험이 크게 작용했다. 첫 번째 계기는 부모님이다. 로리의 부모님은 같은 요양원에 머물게 됐는데, 아버지는 몸은 건강했지만 기억을 잃어 가고 있었고 어머니는 몸은 쇠약해졌으나 기억력만은 여전했다고 한다. 그녀는 부모님을 통해 타인을 기억하고 그 기억을 나누는 일이 곧 인간의 삶이라는 심오한 주제를 깨닫고 이를 『기억 전달자』에 담았다. 또 다른 계기는 그녀의 작품 『별을 헤아리며』에 나오는 홀로코스트 같은 사건을 왜 다루어야 하는지에 대한 독자의 질문에서 비롯되었다. 그녀는 이에 대한 답으로 과거에 발생한 공포스럽고 비극적인 사건을 기억하지 못하면 반드시 재발할 수 있다고 강조했다. 이 문답은 작품에서 조너스와 기억 전달자의 대화에서 찾아볼 수 있다.

③ 뉴베리상은 무엇인가?

1922년에 제정된 '뉴베리상John Newbery Medal'은 미국도서관협회에서 수여하는 상으로 아동 문학계의 노벨상이라고도 불린다. 매년 시상식 전해에 출판된 작품 중에서 미국 아동 문학 발전에 가장 크게 기여한 작품에 주어진다. 뉴베리라는 이름은 아동 문학에 큰 업적을 남긴 18세기 후반의 영국인 출판업자 존 뉴베리의 이름에서 따왔다. 수상 대상은 미국 국적을 가지고 있거나 미국에 거주하는 아동 문학 작가의 작품으로 한정되어 있으며 1922년부터 예외 없이 단 한 작품에만 수여되었다. 하지만 한 작가의 중복 수상은 가능해 현재까지 뉴베리상을 두 번 받은 작가는 모두 여섯 명이며 세 번 받은 작가는 없다. 2021년에는 한국계 작가 태 켈러Tae Keller가 외할머니에게 들었던 전래 동화를 모티프로 쓴 『호랑이를 덫에 가두면』으로 뉴베리상을 수상한 바 있다.

생각훈련 독서법

④ 디스토피아란 무엇인가?

『기억 전달자』는 디스토피아 소설이다. 디스토피아^{dystopia}는 완벽한 사회를 뜻한 유토피아^{utopia}의 반대 개념으로 유토피아는 토머스 모어가 1516년에 지은 책의 제목에서 나온 말이다. 그리스어인 eu(좋다), ou(아니다) + topia(장소, 땅)을 합성해 u-topia, 즉 어디에도 없는 곳이라는 뜻이며 현재는 이상향이라는 긍정적인 의미로 널리 사용되고 있다. 이에 반해 디스토피아는 그리스어인 dys(나쁜, 부정적인) + topia를 합성해 만든 단어로 부정적이고 암흑이 가득한 세상을 의미한다. 이 용어는 존 스튜어트 밀이 1868년 하원 연설에서 영국 정부의 부당한 아일랜드 지배 정책을 비난하면서 처음 사용했다고 한다. 문학 작품에 등장하는 디스토피아의 대표적인 사례로는 전체주의 정부에 의해 억압받고 통제받는 공동체, 과학 기술의 발달로 인간성이 파괴된 사회, 환경오염이나 핵전쟁으로 인류가 멸망의 길로 접어든 사회, 기계에 지배당하는 사회 등이 있다. 이런 강제적인 억압으로 인해 주인공들은 오히려 유토피아를 지향하는 열망을 무의식적으로 품고 있다. 디스토피아 소설의 3대 고전으로는 조지 오웰의 『1984』, 올더스 헉슬리의 『멋진 신세계』, 예브게니 이바노비치 자먀찐의 『우리들』을 꼽는다.

생각의 틀 만들기: 테두리 구성하기

① 작품의 구성

『기억 전달자』는 『기억 전달자』 4부작이라고 일컬어지는 『기억 전달자The Giver』, 『파랑 채집가Gathering Blue』, 『메신저Messenger』, 『태양의 아들Son』 중 첫 번째 작품이다. 총 23개의 챕터로 구성되어 있으며, 주인공인 조너스의 시점에서 서술되고 있다. 작품의 시대적 배경은 미래의 어느 시점이며 장소적 배경은 불분명하다. 작품의 큰 줄거리는 주인공 조너스가 열두 살에 기억 보유자로 선정되어 기억을 전달받는 과정에서 각성이 일어나 다음 기억 보유자가 될 가브리엘이라는 아기와 마을을 탈출하는 내용이다. 작가 고유의 방식대로 결말을 열어 두었으나 이후 연작에서 조너스와 가브리엘이 무사히 탈출했음을 알 수 있다.

② 작품에 등장하는 공동체의 특성과 규칙

조너스가 살고 있는 공동체의 가장 큰 특징은 원로회의라는 단 하나의 통치 기구가 모든 것을 장악하고 통제한다는 데 있다. 이 기구는 인간의 가장 큰 특징인 본능을 억제해 인위적 본능만을 갖게 하고, 인간을 개별적 정신을 지닌 존엄한 존재가 아니라 기능적 존재로 만들기 위해 철저하게 구성원을 통제한다. 자신들이 원하는 인간을 만들어야 하므로 통제의 과정은 탄생에서 죽음까지 일생에 걸쳐 있다. 아기가 태어나면 결함 여부를 살펴본 후 문제가 없는 아이만을 선별해 열두 살이 될 때까지 나이별로 나뉜 모둠에서 모두 같은 교육을 받으며 성장시킨다. 원로회의는 모든 구성원을 철저하게 관찰하고 기록하는데, 이를 통해 열두 살 아이의 특성에 맞게 직무를 배정해 사회로 내보내고 나이가 들어 직무능력이 필요 없어지면 임무 해제라는 포장을 씌워 제거한다.

공동체의 기본 단위는 개인이 아니라 가족이다. 가족의 구성 역시 원로회의에서 지정한 남녀가 부부가 되고, 각 부부에게는 산모 직무를 맡은 사람이 낳은 아이 두 명, 즉 남아 한 명, 여아 한 명을 배정해 4인 가족을 이루게 한다. 아이의 결손이 생기면 재배정으로 다시 4인 가족을 만든다. 공동체의 모든 구성원은 이성 간 접촉이 허용되지 않기에 부부간에도 성관계가 불가능하며, 성욕이 생기는 것을 막기 위해 특정 나이가 되면 알약으로 성욕을 완전히 없앤다. 작품에는 산모직을 맡은 사람이 임신하는 방식이나 공동체의 인구 수가 항상 일정하게 유지되는 메커니즘에 대해서는 나오지 않으나 출생과 죽음을 통제하는 방식을 썼을 것으로 추정된다.

또한, 극단적으로 정확한 언어를 사용하도록 하는데 인간이 지닌 사고의 결과물인 언어를 통제함으로써 사고와 사유의 자유를 막는 것이다. 읽을 수 있는 책의 종류를 제한하는 것 역시 같은 맥락에서 고도의 사유 능력을 통제하는 것이다. 인간의 욕망, 욕구의 발로인 감정을 없애기 위해 늘 같은 상태를 유지하고 있는데, 이것은 색깔이 사라진 날씨, 인간 이외의 동물이 없는 사회의 모습에서 잘 나타난다.

공동체의 주요한 의식 두 가지는 임무 배정과 임무 해제다. 열두 살에 행해지는 임무 배정이 구성원의 사회적 가치를 인정하는 의식이었다면, 신생아와 노인, 규칙 위반자에게 행해지는 임무 해제는 인간의 가치를 기능적 수행 능력으로만 평가하는 것이다. 그러나 인간의 특성상 공동체에서는 언제든 예상 밖의 사건이 일어나고, 이런 경우에는 인간의 보편적 특성을 보유하고 있는 기억 전달자의 도움을 받는다. 공동체의 원로이자 가장 존경받는 단 한 명의 기억 보유자는 인류의 모든 역사, 인간의 모든 감정과 지식이 집대성된 인물로 그 누구도 범접할 수 없으며, 모든 규칙에서 벗어난 절대적 특권을 누리지만 실상은 공동체 전체의 모든 감정을 보유하고 있기에 늘 엄청난 고통에 시달린다. 기억 보유자 역시 나이가 들면 다음 기억 보유자에게 기억을 전달한다.

③ 작품에 등장하는 캐릭터

• 조너스: 이 작품의 주인공으로 열두 살 기념식에서 다음 세대의 기억 보유자로 선택되어 기억 전달자에게 기억을 전수받는다. 기억 보유자가 되기 이전부터 남다른 감수성과 지능, 지식을 지니고 있었으며 질문이 허락되지 않는 공동체에 살면서도 감정이나 언어에 호기심을 품고 있었다. 기억을 전달받으며 빠른 속도로 각성이 일어나 감정, 색에 대한 인식, 인류의 고통 등을 알게 되며 자신들에게 금기시되었던 모든 것이 실은 인간을 인간답게 만드는 데 꼭 필요하다는 것을 깨닫는다. 사람들에게 기억을 돌려주고 임무 해제가 결정된 가브리엘을 살리기 위해 외부 세계로 탈출한다.

• 기억 전달자: 공동체의 원로이자 유일한 기억 보유자였으나 다음 세대의 기억 보유자가 선출되자 그에게 자신의 기억을 넘긴다. 이전 기억 보유자로 선출되었으나 스스로 임무 해제를 선택했던 로즈메리의 아빠였고, 인간다움을 회복시키기 위해서는 인간에게 기억을 되돌려줘야 한다는 점에서 조너스와 뜻을 같이해 그의 탈출을 함께 계획한다. 계획대로 탈출하는 데 실패하자 기억이 돌아와 혼란과 고통에 빠질 사람들을 위해 마을에 남기로 했으므로 조너스의 탈출 이후 자신의 역할을 할 것으로 예상된다.

• 피오나: 조너스의 동갑 친구다. 부드러운 천성에 인내심이 있어서 노인을 돌보는 임무를 배정받으며 조너스에게 최초의 성욕을 느끼게 만드는 인물이기도 하다. 책에서는 영화와는 달리 둘 사이에 특별한 사건이나 감정이 느껴지는 대목은 나오지 않는다.

• 가브리엘: 조너스와 마찬가지로 옅은 눈동자를 가지고 태어난 아기다. 조너스와 같은 눈동자의 색은 가브리엘이 다음 세대의 기억 보유자가 될 인물임을 암시하는 것이다. 조너스의 아버지가 돌보는 아이 중 한 명이지만 밤에 심하게 울어 대는 바람에 조너스의 집에서 잠시 머물게 되고, 이때 조너스와 만나면서 조너스의 기억을 전달받을 능력이 있음이 밝혀진다. 결국 임무 해제의 대상이 되는 바람에 조너스가 데리고 탈출한다.

• 조너스의 부모: 아버지는 보육사고 어머니는 법무부 직원이다. 아버지는 아이들에게 다정하고 장난도 치고 농담도 하는 역할을 하고 있고 어머니는 현실적이고 똑똑한 만큼 아이들의 문제나 고민을 해결하는 역할을 수행한다. 나중에 조너스는 아버지가 아기를 죽이는 장면이나 어머니가 사랑이라는 단어를 부정하는 것을 보고 크게 충격을 받아 탈출할 결심을 더욱 굳히게 된다.

생각훈련 독서법

1. 임무 해제되는 사람들을 보면 사람의 가치는 무엇으로 판단해야 하는 걸까?

2. 원로들은 왜 성욕억제제가 필요하다고 보았을까?

3. 공동체의 가족들은 왜 꿈과 감정을 이야기하는 시간을 가질까?

4. 조너스에게만은 왜 유일하게 질문과 거짓말이 허용되었을까?

5. 조너스와 기억 전달자만이 볼 수 있는 색깔은 무엇을 의미할까?

드디어! 생각훈련

① 나의 진로가 미리 정해져 있어서 따라야 한다면 어떨까?

『기억 전달자』라는 작품에서 작가가 창조해 낸 공동체는 한 인간의 탄생부터 죽음에 이르는 모든 과정을 통제하는 세상이다. 이 과정에서 모든 구성원은 열두 살이 되면 자신의 임무, 즉 임무 해제 직전까지 해야 할 일을 부여받고 본격적으로 공동체의 구성원으로 참여하게 된다. 누군가가 나의 탄생부터 어느 시점까지를 하나도 빼놓지 않고 관찰해 그 결과를 토대로 미래를 결정하는 것이다. 우리가 이런 삶을 살아야 한다면 어떨까? 오히려 객관적 데이터 덕분에 성공할 확률이 높아지지는 않을까?

지금, 학교는 학교에서 담임교사라는 자리는 단순히 아이들의 관리뿐 아니라 관리의 결과물을 기록으로 남겨야 하는 자리다. 즉, 생기부로 아이들의 한 해를 기록해 다음 학년으로 넘겨야 하는 것이다. 그러나 요즘 많은 아이가 고등학교 3학년이 되었는데도 가장 중요한 진로조차 정하지 못하고 있어 교사들은 생기부 작성에 애를 먹고 있다.

아이들이 진로를 파악하지 못하는 진짜 이유는 무엇일까? 자기 자신을 정확히 모르기 때문이다. 아이들은 나를 주어로 두고 능동적으로 자신의 삶을 생각해 본 적이 많지 않다. 이 때문에 전공은 물론, 대학에 가는 목표 역시 명확하지 않은 것이다. 담임교사의 지도나 부모님의 선택에 기대 자신의 미래를 정하려는 아이들을 보면서 어쩌면 우리 아이들은 조너스가 살았던 공동체의 방식을 싫어하지만은 않을 것 같다는 슬픈 생각이 들었다.

나를 파악하는 일은 평생을 살아도 끝이 나지 않는다. 그럼에도 우리의 인생에는 단계를 넘어갈 때마다 선택해야 하는 순간이 항상 찾아온다. 이 선택은 무엇을 근거로 삼아야 할까? 전문가나 자료의 도움을 받을 수도 있겠지만 결국 최선의 선택은 내가 내려야 하지 않을까? 이를 위해서는 무엇보다 먼저 나를 파악해야 한다. 선택의 순간은 어김없이 올 것이다. 나를 알아야 한다.

② 누군가가 내 감정을 통제하고 있다면 어떨까?

인간이 느끼는 감정은 경험에서 비롯되는 추상적이며 개별적인 느낌의 총합이다. 따라서 인간의 감정을 통제하는 일이 불가능하다 보니 조너스의 공동체에서는 태어났을 때부터 구성원들의 개별적인 경험을 막고 통일된 경험만을 제공한다. 즉, 늘 같은 상태를 유지하는 것이다. 이렇게 모두가 같은 경험으로 얻게 되는 일련의 생각이나 기분은 다시 구체적이고 개별화되지 않은 언어, 규격화되고 논란의 여지가 없는 언어의 체에 걸러지며 더욱 공고해진다. 조너스가 탈출하려고 마음먹은 세상은 바로 이런 세상이었다. 혹시 현재 스트레스가 많은 사람이라면 조너스의 세상이 조금은 부러울 수도 있을까? 아무런 감정 없이, 혹은 허용된 감정만으로도 우리는 인간다움을 유지할 수 있을까?

지금, 학교는 고등학교 3학년 담임을 처음으로 맡았을 때의 일이다. 그해 말 출근을 준비하던 중 갈비뼈를 다쳐 전치 2주 진단을 받았으나 3학년 담임이라는 중대한 책임을 지고 있었기 때문에 1주만에 압박붕대로 갈비뼈를 감고 택시로 출퇴근하기 시작했다. 당시 재직 중이던 학교의 교감 선생님은 유난히 보수적이고 권위적이어서 업무 처리 방식에서 교사들과 늘 크고 작은 갈등이 있었다. 병가를 내던 첫날 교감 선생님은 나에게 매일 아침 본인에게 병가 허가를 맡으라고 했고, 그렇게 이틀을 하다가 도저히 참을 수 없어 진단서를 첨부하겠다고 말씀드리고 더 이상 아침마다 전화를 하지 않았다. 그렇게 일주일 만에 출근한 날, 교감실에 들러 가벼운 목례를 하고 나오는데 교감 선생님은 나가려던 나를 불러 앉히더니 예의범절과 교사의 자질을 운운하기 시작했다. 무리해서 출근했던 나의 안부는 전혀 묻지 않고, 인사성만 운운하는 교감 선생님의 말에 아무런 대꾸도 하지 않자 어른에 대한 존경심이 없다고 고함을 치기 시작했다. 그제야 나는 "어른이시니 존중은 하지만 어른이라고 존경하지는 않는다. 존경은 적극적으로 원해야 가능한데 난 원하지 않는다."라고 말했고, 이 말을 들은 교감 선생님은 더욱 흥분해 화를 토해 냈다. 이 사건은 나에게 전대미문의 '존경 강요' 사건으로 남았고, 그 후 나는 한 번도 아이들과 대화를 나누며 존경이라는 단어를 나를 향해 사용하지 않았다. 이 점만큼은 교감 선생님께 감사를 드린다.

인간의 감정은 개별적이면서 고유하다. 특히 타인과의 관계에서 갖는 다양한 감정과 표현, 교류를 통한 경험은 우리의 인간다움을 보여 주는 대표적인 행위다. 따라서 나의 감정을 통제받는다는 것은 나의 인간다움을 통제받는다는 의미다. 생각만 해도 불가능하지 않은가.

③ 나의 기억이 의미를 갖기 위해 필요한 것은 무엇일까?

작품에서 조너스는 기억을 전달받으며 비로소 인간의 다양한 감정, 실패를 통한 고통, 성취를 통한 기쁨, 가족이 완전해지기 위해 필요한 감정, 이성에게 느끼는 사랑 등을 깨닫는다. 또한 기억을 통해 세상이 다채로운 색을 띠고 있음도 알게 된다. 그러나 이러한 각성은 도리어 조너스를 공동체에서 가장 외로운 사람으로 만들어 버린다. 그뿐만 아니라 아무런 감정 없이 살아가는 주변 사람들을 보며 분노와 좌절을 느끼게 한다. 그런 조너스에게 기억 전달자는 조너스의 외로움은 기억을 함께 나누지 못하는 데서 비롯되는 것이며 함께 나누지 못한 기억은 의미가 없다고 말한다. 조너스의 탈출은 이런 무의미에서의 탈출인 셈이다.

지금, 학교는 몇 년 전의 일이다. 고등학교 2학년 아이를 상담하면서 부모의 이혼 사실을 알게 되었다. 아이가 초등학교 5학년 때 부모님이 이혼하셨고 자신은 아빠와 살고 있다고 했다. 아이는 상담 도중 나에게 엄마와 어렸을 때 찍었던 사진을 보여 주었다. 사진 속 아이는 너무나 행복해 보였다. 이 사진은 아이가 개교기념일에 엄마와 시장에 다녀오면서 찍은 것이었다. 그러나 몇 년 전 엄마에게 이 사진을 전송하고 기억하느냐고 물었더니 엄마는 이날을 정확하게 기억하지 못했다. 아이는 엄마를 이해하는 것처럼 보였지만 아이의 말을 듣고 있던 나는 착잡함에 말을 잠시 멈춰야만 했다. 어쩔수 없이 떨어지면서 멈춰 버린 그들의 시간. 그리고 그 안에서 생명력을 잃어버린 과거의 기억들. 아이는 엄마라는 존재를 자신의 기억에서밖에 만날 수 없는데 그마저도 혼자만의 기억으로 끌어안고 살고 있었다. 외로운 아이의 기억에 내가 더 외로워졌다.

과거의 기억이 현재를 풍성하게 해 주는 것은 당연하다. 그러나 여기에는 조건이 붙어야 한다. 나와 함께 그 시간을 살았던 누군가가 그 기억을 함께 나누고 간직해 주어야 한다는 것 말이다. 나의 기억이 공허한 메아리가 되지 않으려면 나의 외침에 호응해 주는 타인의 외침도 반드시 필요하다. 나의 소리에 그의 소리가 얹어질 때 우리의 기억은 의미를 갖는다.

④ 모두가 가지 않는 길을 선택해야 한다면 그때는 언제일까?

조너스가 공동체를 탈출하기로 결심한 것은 그가 전달받은 기억들이 그에게 의미 있는 삶을 살아야 한다는 깨우침을 주었기 때문이었다. 그에게 의미 있는 삶이란 결정권이 자신에게 주어진 삶, 자신이 선택하고 그에 대한 책임을 온전히 자신이 질 수 있는 삶이었다. 이런 깨달음으로 새로운 사람이 된 조너스는 더 이상 공동체의 통제하에서 허용된 자유만으로는 만족할 수 없게 되었다. 우리도 살아가다 보면 이런저런 계기로 자신의 삶에 대해 미처 깨닫지 못했던 것들을 깨닫는 순간이 있다. 그때 우리는 조너스와 같은 선택을 할 수 있을까?

지금, 학교는 고등학교에서 가장 많이 맡았던 업무는 심화반에서 영어를 가르치고 관리하는 일이었다. 내가 맡았던 아이들은 모두 1등급대의 높은 내신 성적을 보유한 아이들이어서 졸업하기도 전에 이미 명문대 합격을 확정 지었다. 그런데 그중 한 아이는 교육대학교를 목표할 만큼 좋은 성적이었음에도 최종적으로 진학에 실패했다. 졸업을 앞두고 나를 찾아온 아이는 선물로 브라우니를 가져왔다. 정갈하고 먹음직스럽게 구워져 예쁘게 포장된 브라우니는 알고 보니 그 아이가 직접 만든 것이었다. 백화점에서 팔아도 될 만큼 완벽한 브라우니와 정교하고 세련된 포장을 보면서 아이에게 전혀 다른 분야의 재능이 있음을 발견했다. 평소 얌전히 공부만 하던 아이는 알고 보니 디자인 분야에 관심이 많아 그 계통에서 자신의 미래를 시험해 보고 싶어 했다. 교사를 진로로 정했던 아이의 부모님을 어렵게 설득하고 1년 반의 준비 끝에 아이는 자신의 꿈을 위해 유럽으로 날아가 주얼리 디자인을 전공했다. 주변 어른과 친구들의 우려 속에서도 꿋꿋하게 자신의 꿈을 지켜 냈던 그 장하고 예쁜 아이는 이제 성인이 되어 자신의 삶을 살고 있다. 아이는 어른의 어버이라고 했던가. 훌륭한 제자는 교사에게 스승이 되어 준다.

모두가 가는 안전한 길을 벗어날 수 있는 것은 용기 이상의 그 무엇이다. 그러나 삶이란 예측 불허의 것이고, 우리의 예상을 넘어선 선택의 순간이 이따금 앞을 가로막는다. 그것이 기회인지 위기인지는 갈림길에 선 자신의 마음만이 안다. 지금 내가 갈림길에 서 있다고 느끼는가? 그렇다면 숨을 크게 들이쉬고 나를 돌아보자. 지금이 바로 그 순간일지도 모른다.

생각훈련 독서법

① 조너스는 겁이라는 단어가 왜 자신의 감정을 정확하게 표현하지 못하고 있다는 생각에 혼란을 겪을까?

조너스가 사는 공동체는 구성원들에게 정확한 언어 사용을 지시한다. 여기에서 언어가 가진 형식과 내용의 일치, 즉 사용자가 사용한 언어와 그 안에 담긴 사용자의 의도 혹은 사용자가 원하던 의미가 얼마나 일치하는지 생각해 봐야 한다. 정확한 언어의 사용이란 언어 본연의 의미가 사용자의 의도와 일치된다는 것을 의미하는데, 조너스는 기억 보유자로 지정되기 이전부터 자신의 공동체에서 강요하는 정확한 언어가 실은 자신의 감정이나 생각과 일치하지 않음을 감지하고 있다. 조너스가 남과 다른 능력의 보유자임을 암시하는 대목이기도 하다.

② 조너스는 왜 어머니가 성욕이 라고 말하는 꿈을 다시 기억하며 기분 좋은 느낌을 갖고 싶어 할까?

한글로 성욕이라고 번역된 단어는 원문에서 'Stirrings', 즉 '내부에서 감정들이 생겨나고 감정적인 동요가 일어나는 것'을 의미한다.

물론 피오나를 향한 성적인 동요일 수도 있으나 조너스로서는 사람 사이에 처음으로 설명이 안 되는 무언가가 마음속에서 일어난 것으로, 그것이 품고 있는 온도가 따스했기에 기분이 좋았던 것 같다. 이 대목은 앞으로 조너스가 감정에 관심을 갖고 받아들일 것이라는 복선이 된다.

③ 선택의 기회가 없이도 만족하는 친구들을 보며 조너스는 분노와 무력감을 느낀다. 왜일까?

조너스는 이제 기억을 받아들여 다양한 색깔을 보게 됨으로써 삶은 다채로운 선택이 가능해야 의미가 있음을 알게 된다. 가끔은 그 선택이 위험할 수 있지만 조너스는 그조차도 의미가 있다고 생각한다. 그러나 여전히 무채색의 세상에서 시키는 것만 하며 그것을 최상의 가치로 여기는 친구들을 보며 답답해 하기도 하고 화도 나지만 자신이 그곳에 있는 한 당장 해결할 방법이 없으니 무력감을 느끼기도 하는 것이다. 이 부분 역시 나중에 공동체의 탈출이 문제의 해결책이라는 것과 그 해결을 위한 유일한 사람이 조너스 자신뿐임을 암시하는 대목이다.

4 사랑이라는 개념을 처음 접한 조너스는 자신이 어리석게 살아왔다고 생각한다. 왜일까?

그동안 조너스는 공동체의 가족 운영 방식이 실용적이고 안전하다고 생각했으나, 사랑에 기반한 가족의 모습이 훨씬 완벽하고 멋지며 따뜻하다는 것을 알게 된다. 결국 공동체의 규칙과 방식은 합리적일 수는 있으나 가족이라는 개념과는 맞지 않다는 것을 느끼고, 그동안 자신이 알고 있고 믿어 왔던 지식이 전부라고 생각한 자신을 어리석다고 느끼게 된 것이다.

5 부모님이 사랑이라는 단어가 무의미하다고 했을 때 조너스는 왜 부모님의 대답에 동의한다고 처음으로 거짓말을 했을까?

기억을 전달받기 전까지 조너스는 가족과 부모님이 완벽하다고 생각했겠지만, 이 대화에서 실은 진정한 감정이 결여된 채 공동체의 결정에 따라 자신과 묶여 있는 사람들일 뿐이라는 것을 알게 된다. 부모님이라는 커다란 울타리에게 자신이 알게 된 최고의 가치를 설레는 마음으로 물어보지만 되돌아온 답은 충격적이었다. 부모님이 사랑에 대해 아무런 감정도, 심지어 아무런 의미도 두지 않음을 알게 된 조너스는 완벽하게 각성하고, 공동체에서 탈출하겠다는 결심을 굳힌다. 조너스의 거짓말은 조너스가 변화했음을 명확하게 보여 주는 사건인 것이다.

6 조너스는 처음으로 성욕을 없애는 약을 먹지 않는다. 왜일까?

앞서 말한 것처럼 성욕이란 단어는 사실 감정의 동요, 내면의 동요를 의미한다. 이것이 피오나를 향했을 때는 성적인 동요가 될 수도 있으나 실제·작품에서는 피오나를 향한 성욕이 명확하게 드러나진 않는다. 따라서 이 대목에서 조너스가 느끼는 내면의 동요는 말그대로 내면이나 감정이 늘 같은 상태로 정체되어 있다가 기억을 전달받아 깨어난 상태를 의미하는 것이고, 더 나아가서는 자율적으로 요동치는 상태, 공동체의 지배를 벗어나 자의식을 회복한 상태를 의미할 수도 있다. 조너스는 이런 자의식을 회복해 삶의 통제권을 가져오려 하는 것이다.

생각훈련 독서법

〈더 기버: 기억 전달자〉(2014)

원작을 영화화한 작품이다. 책의 핵심 소재이자 주제가 보이지 않는 기억인 만큼 영화화되면서 조너스가 보는 추상적인 것들의 시각효과에 힘을 주었다. 원작과는 달리 조너스와 피오나 사이의 사랑이라는 감정을 부각시켰으며 조너스의 탈출 성공 또한 명확해진다.

〈캡틴 판타스틱〉(2016)

부모의 선택에 따라 자연에서 부모의 방식대로 교육받던 아이들이 현실적 필요에 의해 사회에 섞이게 된다는 내용의 영화. 어른이 할 일은 자식들이 최선의 선택을 할 수 있도록 이끌어 주고 지지해 주는 것이며, 자식들이 할 일은 일정 수준과 나이가 될 때까지는 부모의 선택을 믿어 주어야 한다는 것을 알게 된다.

〈주노〉(2007)

청소년끼리의 임신이라는 논란이 될 만한 소재를 다뤘음에도 명작으로 꼽히는 영화다. 행동에 대한 책임, 위기 상황에서 가족의 역할 등을 세련되게 표현했다.

죽은 시인의 사회	N. H. 클라인바움 *N. H. Kleinbaum*
	참고도서 서교출판사, 2020년, 한은주 옮김

교실이 붕괴되었다는 말이 유행한 지도 벌써 한참이 되었다. 아이들이 학교 수업보다는 학원 수업을 더 열심히 듣는 풍조 역시 더 이상 놀랍지 않게 되었다. 입시 교육과 인성 교육 사이에서 학교의 위상은 나날이 작아지고 있다. 학교라는 공간에서 두 가지 모두 포기하지 않은 채 가는 길이 정말 이대로 초라해져야 할까? 학교는 어떤 대안으로 쇄신해야 아이들의 마음을 온전히 받아안을 수 있을까?

교육의 주체는 흔히들 학생, 교사, 학부모라고 한다. 교육은 이 세 주체의 만남이고 계획이며 활동이다. 현재 교육에 문제가 있다면 결국 이 세 주체에게 문제가 있는 것이므로 문제의 해결 역시 여기에서 시작해야 한다. 우리 모두는 진정한 교육을 위해 무엇을 해야 할까? 이번 작품을 보며 이 문제를 생각해 보기로 하자.

① 『죽은 시인의 사회』의 작가는 누구인가?

『죽은 시인의 사회』는 원래 영화감독인 톰 슐만Tom Schulman이 영화 시나리오로 쓴 것을 나중에 N. H. 클라인바움이 소설로 각색한 작품이다. 원작자인 슐만은 1951년 미국에서 태어났고, 텔레비전과 영화를 위한 시나리오 작가로 활동하고 있다. 이 작품을 쓰기 이전에 이미 여러 편의 텔레비전용 시나리오를 썼으나, 최초로 쓴 영화 시나리오인 『죽은 시인의 사회』로 1989년에 아카데미 시상식에서 최우수 각본상을 수상하며 이름을 알렸다. 이 작품은 그의 자전적인 작품으로 알려져 있는데, 실제로 그는 미국 내슈빌에 위치한 몽고메리 벨 아카데미라는 규율이 엄격한 고등학교를 다녔다. 그는 시나리오에 등장하는 많은 인물을 자기 주변의 실존 인물을 바탕으로 창조해 냈고, 그중에서도 키팅 선생님은 슐만을 가르쳤던 두 선생님을 모델로 만들어 냈다고 한다. 슐만의 원래 시나리오에서는 키팅이 호지킨병에 걸린 시한부 환자였으나, 감독인 피터 위어가 설정을 바꿨다고 한다. 한편, 슐만의 시나리오를 소설로 각색한 클라인바움은 1948년에 미국에서 출생한 작가이자 저널리스트로 이 작품 이외에도 여러 영화의 시나리오를 각색해 소설로 출간했다.

② 『죽은 시인의 사회』라는 제목은 무슨 뜻인가?

책 103~104쪽에서 닐은 키팅에게 모임의 이름이 왜 『죽은 시인의 사회』인지, 죽은 시인들의 시만을 읽는 모임인 것인지를 묻는다. 이에 키팅은 그런 이유로 붙인 이름은 아니며, 이 조직에 가입하는 사람은 죽은 다음에야 정회원이 되는 것이고, 살아 있는 동안에는 누구나 준회원이라고 답한다.

영어 단어인 소사이어티society에는 사회라는 의미 이외에도 협회, 회, 단체라는 의미가 있다. 가령 어떤 모임에 '드라마 소사이어티The Drama Society'라는 이름이 붙어 있다면 드라마협회, 드라마회라는 의미인 것이다. 따라서 이 작품은 '죽은 시인들의 협회', '죽은 시인들의 모임'이라고 번역해야 더 정확한 표현이다. 그래야 키팅이 말하는 정회원의 자격을 정확히 이해할 수 있다.

③ 책에서 자주 언급되는 월트 휘트먼과 헨리 데이비드 소로는 누구인가?

작품에서 키팅은 영문학, 그중에서도 영시를 가르치는 교사로 등장한다. 아이들과의 대화를 보면 특히 19세기의 시에 관심이 많은 것으로 보인다. 작품에서 자주 언급되고 인용되는 월트 휘트먼Walt

Whitman과 헨리 데이비드 소로Henry David Thoreau는 모두 19세기의 미국을 대표하는 시인이자 저술가, 사상가다.

휘트먼은 초월주의에서 사실주의로의 과도기를 대표하는 인물이며 자유시의 아버지라는 호칭을 듣는 대표적인 미국 작가로, 그의 시는 자연을 예찬하고, 민주주의에 대한 신념, 물질주의에 대한 비판 등의 내용을 담고 있다. 작품에 나오는 "오, 캡틴 마이 캡틴O captain! My captain!."은 링컨을 추앙하는 시의 앞부분으로 휘트먼은 노예제 폐지를 기치로 내걸었던 북군의 수장인 링컨을 존경하고 지지했다고 한다. 그의 대표적인 시집으로는 『풀잎Leaves of Grass』(1855), 『내 노래Song of Myself』(1892)가 있다.

소로는 하버드대학교에서 만난 미국 초월주의의 대부 랠프 월도 에머슨Ralph Waldo Emerson과의 애증 어린 우정과 2년 반 동안 월든 호숫가에 집을 짓고 살면서 집필한 『월든』(1854)으로 잘 알려져 있다. 휘트먼과 마찬가지로 남북전쟁 이후 급격하게 진행된 미국의 산업화를 보며 인간과 사회, 인간과 자연에 대해 고민했으며 자연을 관찰하면서 정신적인 삶을 살아 보고자 했고, 사회를 개혁하는 데 참여적이었다. 소로의 대표작으로는 앞서 말한 『월든』과 『시민 불복종』(1849)이 있다. 소로와 휘트먼은 동시대의 사람들로 소로가 휘트먼을 존경해 직접 방문한 적도 있다고 하며, 두 사람 모두 지향하는 가치관이 같았다고 한다. 또한 물질적인 것을 지양하고 정신적인 삶을 추구해야 한다는 점에서도 철학을 함께하고 있는데 바로 이 지점이 키팅의 철학과도 맞닿아 있다.

④ 『죽은 시인의 사회』 모임의 개회 때마다 읽는 시는 무엇인가?

작품에서 아이들은 '죽은 시인의 사회' 모임의 시작을 알리는 의식으로 반드시 다음과 같은 개회 시를 읊는다.

"나는 숲으로 갔다. 인생을 자유롭게 살고 싶어서였다. 나는 인생의 참맛을 마음속 깊이, 그리고 끝까지 맛보며 살고 싶다."

이 문구는 사실 시가 아니라 산문인 『월든』의 첫 구절이다. 소로는 월든의 오두막에서 일주일에 하루는 육체를 움직여 일하고 엿새는 정신적인 면에 정진하는 삶이 가능한지 실험해 보았다. 이런 그의 실험은 당시 급격한 산업화가 진행되던 미국 사회에 만연하기 시작한 물질주의와 막 태동한 아메리칸드림으로 인한 과도한 노동과 성공에만 집착하는 당대의 세태에 기인한 것으로, 『월든』에는 이러한 풍조를 비판하고, 실험적인 초월주의자로서 내면의 풍요로움, 검소한 삶, 자급자족하는 삶, 인간의 이기주의와 탐욕에 대한 저항, 자연 친화적인 삶을 살고자 했던 실험의 과정이 담겼으며, 소로 생전에는 빛을 보지 못하다가 20세기 후반에 와서야 빛을 보게 되었다.

▶ 참고영상 - [유튜브] KBS지식채널, 'TV, 책을 보다', 월든 편

생각의 틀 만들기: 테두리 구성하기

① 작품의 구성

이 작품은 3인칭 시점으로 쓰였으며 총 열네 개의 장으로 구성되어 있다. 시간적 흐름에 따라 쓰여 구성에 특별한 점은 없다. 내용 면에서는 아이들이 키팅을 만나 깨달음을 얻고 한 단계 성장하는 성장 소설로 분류될 수 있다.

② 작품에 등장하는 캐릭터

• 존 키팅: 30대 초반의 영어 교사. 웰튼 아카데미를 최우수로 졸업하고 옥스퍼드대학을 나와 런던에 있는 명문고에 재직하다가 웰튼으로 부임했다. 교직을 천직으로 여기며 학생들을 진심으로 사랑하는 인물로, 학생들이 부모와 사회가 원하는 삶이 아닌 자신의 선택에 따라 살도록 혁신적인 교육을 실시한다.

• 닐 페리: 성적이 우수한 학생으로, 모범적이고 밝은 성격에 리더십이 있다. 키팅의 수업을 듣고 자신의 꿈이 연극배우라는 것을 깨닫는다. 키팅이 학창 시절에 했던 '죽은 시인의 사회'라는 모임을 아

이들과 만들어 리더가 되지만, 의대 진학을 원하는 권위적인 아버지의 뜻을 거역하지 못하고, 처음이자 마지막으로 연극에 출연한 밤에 권총으로 자살하며 생을 마감한다.

• 토드 앤더슨: 형의 모교인 웰튼으로 전학을 온 아이로, 학업에서 자신보다 압도적으로 우수한 형 때문에 늘 주눅 들어 있다. 웰튼에서 닐과 같은 방을 쓰며 닐의 보살핌 덕에 모임에도 참여한다. 키팅의 시 수업으로 내면의 분노와 시인의 본성을 드러내며 가장 큰 변화를 겪는 인물이다. 키팅이 떠나는 날에도 가장 먼저 키팅을 위해 책상에 올라가 스승을 향한 고마움과 미안함을 전한다.

• 녹스 오버스트리트: 법률가 집안의 아들로 작품에서 유일하게 연애하는 인물이다. 평범한 공립고등학교에 다니는 크리스라는 소녀에게 반하고 결국 그녀의 마음을 얻는 데 성공한다.

• 찰리 달튼: 은행가 집안의 아들로 작품에서 가장 개성 있고 모험심이 강한 아이다. 스스로 자신의 이름을 '누완다'라고 바꾸고, 모임에 여자들을 초대하는 등 금지된 많은 행동을 하지만 결국 모임이 드러나고 닐이 자살하면서 웰튼을 떠나게 된다.

1. 키팅 같은 선생님을 만나 본 경험이 있나?

_____

2. 등장인물 중 가장 호감이 가는 캐릭터는 누구인가?

_____

3. 등장인물 중 가장 호감이 가지 않는 캐릭터는 누구인가?

_____

4. 가장 재미있었던 에피소드는 무엇인가?

_____

5. 등장인물이 처한 상황과 비슷한 상황에 처해 본 적이 있는가?

_____

1 **지금의 교육 현실에서 이상적인 교육이란 무엇일까?**

작품 속 아이들은 값비싼 사립학교인 웰튼 아카데미에 다니며 미국 내 최고 명문대 진학을 위한 교육을 받고 있다. 아이들의 일상은 버거운 학업과 그 연장선에 놓인 과외활동으로 채워져 있으며, 아이들은 이런 일상을 당연하게 받아들인다. 명문대에 진학해 의사, 법률가, 기업가가 되는 것이 최우선인 아이들에게는 웰튼이 최고의 선택일 수 있다. 그렇다면 입시만을 향해 무섭게 돌진하는 아이들에게 어떤 다른 방향을 제시할 수 있을까? 또한 우수하지 못한 대다수의 아이들에게는 어떤 방향을 제시해야 할까?

지금, 학교는 중학교나 고등학교에서 늘 보게 되는 일이 있다. 아이들이 학교보다는 학원 과제에 열을 올리고, 학교에서의 보충이나 상담보다는 학원의 보강을 더 중요하게 생각하는 것. 자습 시간을 주면 어김없이 학원 과제를 하고, 말끝에는 항상 '우리 학원 샘이'가 붙는다. 공교육에서 가장 쓸쓸한 부분이 이것이다.

학교는 입시 기관이 아니다 보니 학원처럼 입시 교육에만 집중하지 않는 것이 당연한데도, 아이들은 학교와 학원을 수직적 관계에 두고 학원 수업에 몰두한다. 이 과정에서 학원에 다니지 않거나 다니더라도 성적이 낮은 학생들은 또다시 뒤로 밀려난다. 학교 수업은 중급 혹은 중상급 정도에 맞추어지므로 상위권 학생들에게는 지루하고, 하위권 학생들에게는 어려운 것도 현실이다. 인성을 포함한 전반적인 성장을 도모해야 하는 학교로서는 현재의 입시 방법과 학벌 중심의 사회체제에 정답을 제시할 수 없다. 입시와 꿈, 입시와 행복의 균형을 추구하지만 여전히 방법에 대해서는 고민 중이다.

아이들이 환하게 웃음 지으며 자신들의 열정대로 살아가길 원한다. 이슬만 먹고 살라는 이야기는 아니지만, 때로는 이슬의 존재에 감동할 수 있는 사람이 되었으면 한다. 이상과 현실 사이의 중간에서 양쪽을 아우를 수 있는 사람이 되어야 하고, 학교 현장에서는 이것이 가능하도록 지도해야 한다. 이것은 당연히 어른들의 몫이다.

② 내가 하고 싶은 일과 부모님이 바라는 일이 같은가, 다른가?

작품에 나오는 아이들 가운데 유일하게 자신이 하고 싶은 일을 찾은 인물은 닐이었다. 그는 강압적이고 권위적인 아버지의 목표인 의대가 아니라, 무대 위에서 진정한 자신을 발견했다.

학교에서 상담을 해 보면 부모는 자녀에게 원하는 바가 비교적 명확한 반면, 아이들은 자신이 하고 싶은 일을 찾지 못했거나 부모가 원하는 방향과는 다르게 살고 싶어 하는 경우가 많았다. 나는 어떠한가? 나와 부모님은 같은 곳을 바라보고 있는가?

지금, 학교는 부모님이 두 분 다 의사인 아이가 있었다. 아이의 형역시 의대에 다니고 있었다. 부모님은 가족 모두가 의사이길 바랐고, 아이는 이를 위해 중학교에 진학하는 대신 강남에 있는 학원에다니며 홈스쿨링을 받았다. 고등학교에 진학한 아이는 모든 과목에서 압도적으로 우수한 성적을 유지하다가 3학년이 되어서 나를 만나게 되었다.

이미 교내에서 유명했던 그 아이를 직접 만나 보니 소문과는 무척 다른 모습이었다. 학교에 친구가 한 명도 없었고, 중학교 과정을홈스쿨링에 의존했던 탓인지 아이들과의 소통과 상황 대처 능력에문제가 많아 보였다. 그 아이의 실력 역시 그저 철저한 반복 학습과암기로 만들어진 것이었다.

담임인 나는 그 아이가 현재의 생활과 자신의 꿈에 만족하는지궁금했다. 그 아이의 미래는 이미 결정된 것이나 다름없었고, 아이는 그 안에서 한 치의 오차도 허용되지 않는 일정을 소화하고 있었기 때문이었다. 그 아이와 가까워지는 데는 많은 시간과 노력이 필요했지만, 결국 나는 그 아이의 꿈이 의사가 아니라는 것을 알게 되었다. 무엇을 원하는지는 몰랐지만 적어도 부모님이나 형처럼 현장에서 뛰는 의사를 원하지는 않았다. 부모님은 자신의 두 아들이 자신들의 모교에 다니기를 희망했고, 아이의 형은 삼수 끝에 그 학교에 재학 중이었다. 졸업 후, 그 아이 역시 삼수를 했으나 결국 다른 지역에 있는 의대에 진학했다는 소식을 들었다. 그 아이는 자신의 삶을 자신의 것으로 받아들이고 있는 걸까? 나로서는 알 길이 없다.

어른들은 자신들의 삶에 비춰 아이들을 재단하려는 경향이 있다. 되도록 자신이 했던 고생은 피하게 하고, 소위 말하는 꽃길에 자녀를 올려놓고 싶기 때문이다. 그 마음과 의도를 나무랄 사람은 없을 것이다. 다만, 부모가 아이의 삶을 대신 살아 줄 수는 없는 만큼 아이의 인생에 대해서는 아이를 결정의 주체자로 인정하고 그 과정에 처음부터 동참시켜야 한다. 어떠한 부모도 아이의 삶이 끝나는 순간까지 곁에 있어 주지 못하기 때문이다.

③ 아이들에게 필요한 교사는 어떤 사람일까?

작품에 나오는 키팅은 입시와 성공에 매몰된 웰튼의 아이들에게는 완전히 다른 세계에서 날아든 것 같은 인물이었다. 그는 부모와 학교에 억압되어 자신의 삶을 스스로 생각하고 결정할 자유를 잃어버린 아이들에게 현재의 중요성을 일깨워 주며, 학업 이외에도 인생에서 가치를 두어야 할 것들에 대해 알려 주기도 한다. 명문대 입학만을 유일한 삶의 목표로 삼아 쉴 틈 없이 달리던 아이들에게 키팅과의 시간은 유일하게 쉴 수 있는 커다란 그늘처럼 느껴졌을 것이다. 그는 웰튼 같은 사립학교에 꼭 필요한 교사였다. 그렇다면 21세기를 사는 우리에게는 어떤 교사가 필요할까?

지금, 학교는 고등학교에 재직할 때의 일이다. 나는 당시에 방과후 심화반 아이들을 지도하고 있었다. 모의수능에서 항상 영어 1등급을 받는 아이들이어서 나는 수능 교재 대신 영어 소설로 독해 수업을 진행했다. 딱딱하고 틀에 박힌 영어만 접하는 아이들이 문학을 통해 자연스러운 영어를 배우는 것은 물론 감성적인 욕구까지 충족했으면 하는 마음에서였다.

그런데 당시 영어 교과 부장님께서 나를 부르시고는 심화반 아이들에게 당장 필요한 것은 수능 영어지 문학은 필요 없다는 투로 꾸짖으셨다. 나는 수업의 목표와 필요를 말씀드렸지만, 부장님은 이대로 수업을 진행한다면 방과 후 담당 교사를 바꾸겠다고 소리를 높이셨다. 소신을 꺾을 수 없었던 나는 결국 다음 학기에 심화반 방과후 담당에서 물러나야 했다. 당시 내가 맡았던 아이들은 모두 원하는 대학에 진학했고 지금도 가끔 나에게 연락해 당시 나와의 수업이 너무 재미있었고, 대학에 와서도 쓸모가 있다고 말해 준다.

교육에는 정답이 있을 수 없다. 더 나은 방향으로의 노력만이 있을 뿐이다. 당시 나는 스트레스로 가득했던 상위권 아이들이 숨을 쉬도록 작은 창을 열어 주고 싶었다. 성장이 진행 중인 우리 아이들에게 필요한 교육은 아이들의 상황에 맞는 교육이 아닐까? 아이들에게 필요한 교육, 누구도 답을 알 수 없지만 누구나가 고민해야 하는 문제다. 결국 학교에서의 역할은 입시라는 결승선을 향해 가며 융통성을 발휘하는 것이다. 키팅이 위대한 스승이었던 것은 압도적인 실력을 바탕으로 이러한 융통성을 발휘했기 때문이 아닐까?

(4) 반드시 해결해야 하지만 맞서기에 두려운 문제가 있는가?

이 작품을 읽은 독자라면 누구나 닐의 선택에 큰 슬픔을 느낄 것이다. 학교에서 누구보다 총명하고 밝았으며 모임의 리더였던 닐이 아버지의 강압에 끝까지 맞서지 못하고 스스로 삶을 마감했기 때문이다. 닐에게 아버지라는 존재는 넘기 힘든, 그리고 넘고 싶은 마음조차 앗아 버릴 정도로 강력했다. 우리는 모두 삶이라는 여정에서 반드시 넘어야 하는 문제에 직면한다. 어떤 문제가 우리를 힘들게 하는가? 해결하기에는 너무나 커다란 용기가 필요한 탓에 머뭇거리거나 포기해 버린 문제가 있나? 있다면 그 문제는 무엇인가?

지금, 학교는 아이들과 상담하면서 느끼는 것 중 하나는 아이들에게 끼치는 부모님의 영향력이 어마어마하다는 것이다. 그러나 막상 부모님과 상담해 보면, 자신들이 아이에게 끼치는 영향력의 크기를 착각하는 경우가 많았다. 아이들과 부모님의 갈등은 대부분 진로에 관한 것이었다. 특히 상위권 대학을 보내려는 부모님과 자신의 꿈이 있는 아이들의 마찰이 가장 많았다. 아이에게 물심양면으로 투자하는 부모 입장에서는 당연히 아이가 자신들의 기대에 부응하기를 바라지만, 아이의 꿈이 다르다면 그렇게 하기란 쉽지 않은 일이다. 내가 담임을 맡았던 아이들 가운데에서 이런 문제를 경험하는 경우가 적지 않았고, 대부분은 결국 부모님의 의견대로 결론이 내려졌다. 부모의 지원 없이 아이 혼자서 해 나갈 수 있는 일이 많지 않기 때문이다. 중고등학교 때 눈을 반짝이며 자신의 꿈을 이야기하던 아이들이 결국 부모님이 원하던 4년제 대학에 진학해서 나를 찾아오면, 어쩐지 나는 예전의 그 눈빛이 그리워졌다. 아이들은 나름대로 만족해 하지만 말이다. 결국 10대의 아이들에게는 부모가 가장 강력하고 믿을 수 있는 존재이며, 그들이 넘어야 할 산이 되기도 하고, 그들을 품어 주는 숲이 되기도 한다.

살다 보면 아무리 생각해도 답이 안 나오고 해결하기 어려운 문제가 있기 마련이다. 만일 이런 문제를 우리 아이들에게 안긴 것이 어른들이라면, 이것은 결국 어른의 탓이다. "우리라면 저 문제를 해결할 수 있을까"라는 질문을 마음에 간직한 채 아이들을 바라본다면, 아이들은 해결할 수 없는 문제로 고통받기보다 해결할 수 있는 문제로 고민하게 될지 모른다. 그렇게 되어야 하지 않을까?

생각훈련 독서법

① **작품에서 아이들은 키팅의 노력 덕분에 스스로의 사고와 판단으로 자아를 발견했나? 그것은 어떤 모습이었나?**

이 작품에 나오는 주요 인물인 닐과 토드를 중심으로 생각해 보자. 두 인물만이 키팅과의 만남을 계기로 극적인 변화를 보이기 때문이다. 이 작품에서 가장 비극적인 인물이자 작품의 클라이맥스를 만드는 닐은 연극으로 자신이 진정 원하는 삶이 무엇인지 알게 되고, 아버지를 속이면서까지 무대에 선다. 자신이 처음으로 살아 있다는 느낌, 삶이 주는 환희를 무대에서 느꼈기 때문이다. 자살로 생을 마감했으나 죽기 전 자신의 소명이 무엇인지 분명히 알았다는 점에서 닐은 자아를 발견했다고 볼 수 있다.

토드는 닐보다는 훨씬 소극적인 인물이었지만 키팅에게 수업을 받으면서 자신 안에 감춰져 있던 야성적 용기와 말하고 싶은 수많은 이야기를 발견한다. 그의 다소 미온적인 변화는 키팅을 내쫓으려고 하는 학교 측과의 대립 장면과 학교를 영원히 떠나는 키팅을 부르며 책상 위에 가장 먼저 올라가는 모습에서 분명하게 드러난다. 닐만큼 온전하게 자아가 수면 위로 부상하지는 않았으나, 현재 자신의 모습이 온전한 자신의 선택이 아니었다는 것을 알게 되었다는 점에서 자아 발견에 근접한 것으로 보인다.

② **키팅이 학교를 떠난 이후 남겨진 아이들에게 키팅과 보낸 시간은 앞으로의 삶에 어떤 영향을 줄까?**

마지막 장면에서 약간의 힌트를 얻어 볼 수 있다. 작품의 원작인 영화를 보면 교실을 빠져나가는 키팅의 뒤로 많은 아이가 한 명씩 책상 위로 올라가 그에게 존경과 감사를 표하지만, 몇몇 아이들은 교장의 눈치를 보며 그대로 앉아 있다. 결국 키팅의 가르침은 일부에게는 삶의 방식을 바꾸는 계기가 되었으나, 또 다른 일부에게는 그저 스쳐 지나가는 사건에 불과할 수 있다는 점을 시사하고 있는 것으로 볼 수 있다.

③ **키팅이 닐의 거짓말을 모른 척하지 않았다면 닐은 죽지 않았을까? 키팅은 닐의 죽음에 얼마나 책임이 있을까?**

공연을 앞두고 키팅과 대면한 닐은 이미 어떻게든 무대에 서겠다는 결심을 굳혔다. 그는 심지어 키팅에게 거짓말을 하면서 양심의 가책을 느끼지만, 한편으로는 멋지게 연기를 해서 아버지의 마음을 바꾸어 보려는 생각까지 했다. 따라서 키팅이 닐의 거짓말을 알고 만류했다고 해서 닐이 자신의 결정을 번복했을 가능성은 낮아 보인다. 닐의 죽음은 처음부터 끝까지 본인의 판단과 아버지의 강압에 의해 초래되었으므로 키팅에게 책임을 물을 수는 없다. 오히려 보다 적극적으로 말렸으면 닐의 죽음을 막을 수 있지 않았을까 하는 씻을 수 없는 자책감을 안고 학교를 떠나게 된 키팅 역시, 학교와 부모의 야심에 의한 희생자로 보인다. 결국 교사의 책임 범위는 학생이 내리는 판단의 시작부터 결론에 이르는 과정이지, 최종적인 판단 자체는 아니라는 것이다.

④ 아버지라는 벽을 끝내 뛰어넘지 못하고 죽음을 선택한 닐의 결정에 대해서 어떻게 생각하는가?

우리가 자신의 삶에서 무언가를 바꾸려고 마음먹을 때, 우리는 두 가지 장애를 만나게 된다. 내 의지로 극복할 수 있는 것과 내 의지만으로는 극복할 수 없는 것이 그것이다. 닐의 경우, 아버지라는 존재는 자신의 의지로는 전혀 극복할 수 없는 대상이었고, 그를 거역한다는 것은 자신의 인생을 온전하게 스스로 개척하며 살아야 한다는 의미였다. 그가 아직 열여덟 살도 안 된 청소년이었던 점을 감안한다면 학교를 그만두고 가출해서 스스로 살길을 찾아야 한다는 것은 그간 부모에게 길들여져 순종적으로 살아왔던 닐의 성정에서는 상상할 수 없었을 것으로 추측된다. 따라서 무대에서 생의 환희와 자신의 소명을 깨달으며 예전의 자신이 얼마나 불행했던가를 알아 버린 그에게 다른 대안은 없었던 것으로 보인다.

⑤ 키팅의 헌신적이고 혁신적인 교육이 아이들에게 오히려 해를 끼친 부분이 있을까?

아이들의 관점에서 토드와 녹스, 찰리에게는 삶의 방식을 바꾸고 삶의 목적에 대해 자신만의 생각을 갖게 했다는 점에서 긍정적인 영향을 끼쳤을 것이다. 찰리에게는 떠나고 싶던 학교를 떠나는 계기가 되었고, 토드와 녹스 역시 학교생활을 이어 나갈망정 더 이상 같은 방식으로 삶을 바라보지 않게 되었을 것이기 때문이다. 그러나 학교의 방식에 순응해 명문대에 진학할 학생들이라면, 제도권의 방식을 벗어난 키팅의 교육 방식에 반감을 가졌을 수도 있다. 카메론의 경우가 그렇다. 또한 웰튼에 아이를 보낸 학부모라면 키팅의 교육 방식은 명문대 진학을 저해하는 위협 요소로 느껴졌을 것이다. 토드나 닐의 부모가 키팅을 학교에서 쫓아내고 싶어 했다는 것에서 이를 엿볼 수 있다.

⑥ 작품에서 가장 극적인 변화를 겪은 인물은 토드다. 토드는 키팅이 떠난 후 어떻게 되었을까? 시인이 될 수 있었을까?

가장 자신감 없고 내성적이며 순종적이던 토드가 영화 마지막 장면에서 가장 먼저 책상에 올라갔다는 사실에서 우리는 토드의 극적인 변화를 분명하게 보았다. 또한 키팅과의 수업 중에 내면에 있는 야성적이고 통제되지 않은 또 다른 자신을 발견하는 모습에서 그가 키팅 못지않은 창의성과 시인의 마음을 지녔음을 추측해 볼 수 있다. 작품만으로는 토드가 학교를 벗어났는지 졸업했는지는 알 수 없지만, 닐의 죽음에 가장 큰 영향을 받은 만큼 토드가 졸업했다 해도 부모의 바람대로 명문대에 진학해 의사나 판사 등이 되었을지에 대해서는 의문이 든다. 다만, 독자로서 우리는 그가 비록 부모가 바라던 진로를 선택했다 해도 자신 안에 깃들어 있는 시인의 마음을 잃지 않고 살아가길 바랄 뿐이다.

〈죽은 시인의 사회〉(1989)

이 작품의 원작을 바탕으로 만든 영화다. 소설과 다소 다른 부분들이 있으나, 주제를 방해하지는 않는다. 30년이 넘은 영화지만 마지막 장면을 비롯해 수많은 명장면을 탄생시킨 수작이다.

〈블랙〉(2005)

인도 영화로 듣지도 보지도 못하는 여덟 살 소녀 미셸이 사하이 선생님을 만나 세상에 대한 희망을 찾아 가는 감동적인 드라마다. 탄탄한 시나리오 외에도 뛰어난 영상미와 음악으로도 유명하니 반드시 감상하기를 추천한다.

〈선생 김봉두〉(2003)

아이들의 순수함에 세속적이었던 교사가 변해 가는 과정을 코믹하고 감동적으로 그린 작품이다. 아이들의 순수가 가진 커다란 힘을 느끼게 해 주는 영화다.

〈홀랜드 오퍼스〉(1995)

교향악단을 지도하던 홀랜드라는 음악 교사의 이야기다. 홀랜드는 엉망이었던 악단 아이들을 이끌어 훌륭하게 탈바꿈시키며 30년간의 교직 생활을 마무리한다. 그가 학교를 떠나던 날 자신이 가르쳤던 아이들이 성인이 되어 나타나 존경과 감사를 담아 연주하는 장면이 압권이다. 소신 있게 교육자로서 임무를 마감한 교사의 마지막 길에 무엇이 있는가를 생각해 볼 수 있는 명작이다.

〈라자르 선생님〉(2011)

상처 입은 아이들과 상처 입은 교사가 만나 서로에게 희망을 주고 상처를 어루만져 주는 따뜻한 영화다. 특히 교사의 자격에 관한 질문을 던지며, 학생과 교사는 서로를 필요로 하는 존재임을 생각해 볼 수 있게 하는 작품이기도 하다. 스토리뿐 아니라 전반적으로 완성도가 높은 영화다.

갈매기에게 나는 법을 가르쳐 준 고양이	루이스 세풀베다 *Luis Sepulveda*
	참고도서 | 바다출판사, 2021년, 유왕무 옮김

나이를 먹어 가면서 친절이라는 행위에 대해 옹색해진다. 남에게 베푸는 친절은 말할 것도 없고 나에게 건네지는 친절 앞에서도 움츠러든다. 좋은 마음에 조건 없이 누군가를 도와주고 싶다가도 나의 의도를 오해할까 두렵고, 기대하지 않았던 친절이 날아들어 오면 속내부터 따져 들게 된다. 이렇게 조금씩 타인과 나 사이에 쌓은 보이지 않는 벽은 어느새 높아져 애당초 타인에게서 나를 지키려던 목표를 넘어서 나를 가두어 버렸다. 단절되는 것이다.

넓지 않은 교실도 이와 크게 다르지 않다. 또래 친구들과 온종일 함께 있으니 가족보다 가까울 법도 한데 아이들의 정서적 거리는 멀기만 하다. 따로 또 함께라는 기치가 말뿐이어서는 안 된다. 그러지 않고서야 우리 모두가 온전하게 공존할 수 없기 때문이다. 이 작품에서 우리는 공존과 지속 가능한 삶에 대해 살펴볼 것이다.

생각훈련 독서법

① 『갈매기에게 나는 법을 가르쳐 준 고양이』의 작가는 누구인가?

작가 루이스 세풀베다는 1949년 칠레에서 태어났으며 2020년 4월 16일 스페인에서 코로나19 감염증으로 사망했다. 평생 독재 정권에 저항하며 망명 작가로 살았던 세풀베다의 삶은 스페인의 독재자였던 프랑코를 피해 칠레로 망명했던 할아버지, 그리고 공산당원이었던 아버지로부터 지대한 영향을 받았다. 그는 산티아고에서 고등학교를 졸업하고 칠레대학교에서 연극을 공부하면서 학생 운동의 지도자로 정치 활동을 시작했으며, 살바도르 아옌데 진보 정권 때는 문화부에서 대중을 위한 저렴한 고전 간행을 담당하기도 했다. 1973년 피노체트가 군부 쿠데타를 일으켜 정권을 잡으면서 2년 반 동안 감옥에 투옥되었고 이때부터 본격적으로 파란만장한 투쟁과 저항의 삶이 시작되었다. 출소 후 고국인 칠레를 등지게 된 그는 에콰도르로 건너가 유네스코 탐험 팀과 함께 원주민의 식민지화 영향을 조사하는가 하면, 원주민을 위한 문해력 교육 계획을 작성하기도 하고, 니카라과의 혁명군에 합류해 기자로 활동하기도 했다. 니카라과에서 추방된 이후에는 독일의 함부르크로 건너가 남미와 아프리카를 여행하는 기자로 활동했고, 1982년부터 6년간 그린피스 배의 승무원이 되어 전 세계의 바다 환경을 위해 일했다.

작가로서 그의 삶은 마흔 살이던 1989년에 발표한 『연애 소설 읽는 노인』으로 시작되었다. 이 작품은 환경 운동가로 활동하다 살해당한 치코 멘데스를 기리는 소설로 이 작품 덕분에 그는 칠레를 대표하는 작가로 전 세계에 이름을 알리게 되었다. 이 작품에서 그는 아마존 정글이라는 대자연과 그것을 파괴하는 양키 세력에 대한 적대감을 사실감 있게 묘사하며 신자유주의라는 미명하에 착취당하는 소수 부족의 삶을 그려 냈다. 같은 해인 1989년에 발표한 『지구 끝의 사람들』에서는 그린피스 배의 승무원 시절 경험을 토대로 인간의 탐욕으로 파괴되는 자연을 적나라하게 보여 준다. 1994년 작인 『귀향』에서는 화합이라는 허울 좋은 명분으로 독재자들을 용서하자고 외치는 정치가와 민중의 작태를 비판하고 있다.

세풀베다는 죽는 순간까지 환경과 생태계, 소수 민족의 권리, 자유, 서로 다른 존재에 대한 사랑, 인간의 기본적 권리를 말살하는 정권에 대한 저항 정신을 잃지 않았다. 그 밖의 작품으로는 『파타고니아 특급 열차』(1995), 『감상적 킬러의 고백』(1996), 『갈매기에게 나는 법을 가르쳐 준 고양이』(1996), 『외면』(1997), 『소외』(2000), 『핫라인』(2005), 『우리였던 그림자』(2009) 등이 있다.

▶ 참고인물 – 아우구스토 피노체트(1915~2006). 1973년부터 1990년까지 칠레의 대통령을 지낸 독재자다. 세계 최초의 사회주의 정부였던 살바도르 아옌데 정권을 쿠데타로 붕괴시킨 후 집권했다. 반대파에 대한 잔혹한 공격으로 그의 집권 시기는 '피의 독재'라고 불린다. 민주화 요구에 따라 물러나 영국으로 망명했다가 건강상 이유로 칠레로 귀국해 사망했다.

▶ 참고인물 – 치코 멘데스(1944~1988). 브라질의 환경 운동가이며 아마조니아 보전 운동의 상징적인 인물. 집안 환경으로 '세렝구에이우'라고 불리던 고무 농장에서 일했으나 1960년대 국제 고무 가격이 폭락하면서 고무나무를 벌목하고 농장을 만드는 등 아마존의 밀림이 심각하게 훼손당하자 전 세계에 아마존 열대우림 파괴의 심각성과 보존의 필요성을 알리며 투쟁에 앞장섰다. 그는 아마존 밀림을 개발하려고 했던 축산업자 아우베스에 의해 살해되었다.

2. 『갈매기에게 나는 법을 가르쳐 준 고양이』의 모티프는 무엇인가?

세풀베다는 그린피스 배의 승무원으로 일하며 바다가 어떻게 오염되는지를 직접 목격했다. 그의 철학은 자연과 환경을 중시하고 지구상의 모든 존재를 존중하는 데서 진정한 자유가 생긴다는 믿음에서 비롯되었으므로 자신의 경험을 토대로 아이들에게 인간이 얼마나 자연을 훼손하고 있는지를 이야기해 주고 싶은 마음에서 이 작품을 쓰게 됐다고 한다.

3. 유류 유출 사고는 생태계에 얼마나 심각한 피해를 주는가?

전 세계적으로 해양 유류 유출 사고는 상상을 초월할 만큼 비일비재하다. 1970~2009년까지만 해도 무려 9,500건이 넘는다. 우리나라에서 2007년 충청남도 태안에서 발생한 유류 유출 사고는 지금껏 최악의 유류 유출 사건으로 기록되었으며 당시 오염 지역은 375제곱킬로미터, 피해 지역만 해도 충남 여섯 개 시군, 전남 세 개 군, 전북 두 개 시군에 이르렀다.

유류는 매우 적은 양으로도 해안 및 연안 생태계에 심각한 악영향을 끼치며, 사고 발생 후 수십 년이 지나도 흔적을 남기기 때문에 해양생태계에 치명적이다. 특히 직접적인 피해를 입는 동물은 조류다. 차가운 날씨에 작은 기름 덩어리가 깃털에 묻으면 깃털의 절연 효과가 파괴되어 저체온증으로 죽게 되며, 날개에 유류가 붙으면 날 수 없어 죽게 되기 때문이다. 또한 유류를 흡입하거나 섭취한 동물은 폐렴, 폐의 울혈, 내장 또는 허파의 출혈, 간과 신장의 손상 등으로 죽음을 맞는다. 인간도 유류에 노출되면 유류의 강한 휘발성에 의해 눈, 코, 입 등 민감한 부위에 손상을 입고 호흡 시 폐렴, 적혈구 세포 파괴 등이 일어나며, 유류에 노출된 해산물을 섭취함으로써 이차 피해를 입는다. 천문학적인 사고 처리 비용과 돌이킬 수 없는 생태계 파괴의 심각성으로 각국에서는 유류 유출 방지를 위한 관련 법안을 강화해 현재는 과거에 비해 사고가 현격히 줄어들었다.

① 작품의 구성

이 작품은 크게 두 파트로 나뉘어 있다. 첫 번째는 새끼 갈매기가 태어나기 전의 이야기로, 주인공인 소르바스가 어미 갈매기 켕가와 한 세 가지 약속을 지키기 위해 친구들을 찾아다니며 도움을 구하는 내용이다. 두 번째는 새끼 갈매기가 태어난 이후의 이야기로, 나는 법을 가르치겠다는 약속을 지키기 위해 고군분투하는 고양이들의 노력과 마침내 날게 되어 떠나가는 새끼 갈매기의 모습이 담겼다.

② 작품에 등장하는 캐릭터

• 켕가/어미 갈매기: 무리와 함께 이동하며 바다에서 청어를 잡아먹다가 바다에 유출된 유류에 오염되어 사망한다. 사망할 당시 알을 품은 상태였는데, 다행히 착한 고양이인 소르바스를 만나 자신의 알을 부화시켜 새끼에게 꼭 나는 법을 가르쳐 달라고 부탁한다.

• 소르바스/고양이: 형제자매들과는 달리 날 때부터 새까만 털을 가지고 태어난 고양이다. 착하고 의리가 있으며 약속을 지키려는 신

념이 투철하다. 새끼 갈매기에게 헌신적으로 엄마의 역할을 하며, 난관을 극복하고 마침내 나는 법을 가르쳐서 떠나보낸다.

- 아포르뚜나다/새끼 갈매기: 갈매기 켕가의 새끼로 자신을 부화시켜준 소르바스를 엄마로 생각하며 고양이들의 사랑과 보살핌 속에서 성장한다. 스스로를 고양이로 생각하다가 어느 순간 날고 싶어하는 정체성을 깨닫고 고양이들과 인간의 도움으로 날 수 있게 된다.

- 꼴로네요/고양이: 그의 나이를 아는 항구 고양이가 아무도 없을만큼 고령으로 이탈리아 식당에서 살고 있다. 곤경에 처한 항구 고양이라면 누구나 조언을 얻기 위해 그를 찾는다.

- 사벨로또도/고양이: 작고 바싹 마른 회색 고양이로 항구에 있는 하리의 전시장에서 살고 있다. 늘 백과사전을 찾아보며 세상을 연구하기 때문에 만물박사라고 불린다. 새끼 갈매기에게 나는 법을 가르치기 위해 여러 가지 방법을 찾아내려고 노력한다.

- 시인/인간: 새끼 갈매기에게 나는 법을 가르치는 데 도움을 받기 위해 선택된 인간이다. 소르바스가 인간의 언어를 구사한다는 사실을 받아들인 후 새끼 갈매기가 나는 데 도움을 준다.

알맹이 채우기

1. 주인공 소르바스는 어떤 캐릭터인가?

2. 항구 고양이들 중 가장 마음에 드는 캐릭터는?

3. 가장 재미있었던 에피소드는 무엇이었나?

4. 가장 감동적인 에피소드는 무엇이었나?

① 조건 없이 곤경에 처한 타인을 도울 수 있다고 생각하나?

이 작품에서 가장 신기한 점은 어려운 상황에 처한 동물들끼리 스스럼없이 돕는 모습이다. 바다에서 기름에 젖어 죽어 가던 켕가의 어려운 부탁을 바로 들어주는 소르바스, 소르바스가 도움을 요청하자 자기가 할 수 있는 일들을 찾아 도와주는 동료 고양이들, 그리고 인간인 시인까지 모두 타인의 어려움에 곧바로 공감하며 적극적으로 나선다. 우리는 어떨까? 과연 어려운 상황에 처한 타인을 고양이들처럼 스스럼없이 도와줄 수 있을까? 우리는 한 번이라도 조건 없이 남을 도와준 적이 있었을까?

지금, 학교는 교사는 가르침으로 아이들의 성장을 돕는 사람이지만, 가끔은 이런 일이 힘겨울 때가 있다. 도덕적인 부분이 바로 그것이다. 요즘 아이들은 고등학교나 대학에 진학할 때 봉사 점수가 필요하다. 봉사 점수를 받기 위해서는 학급에서 임원을 맡거나 특정한 활동에 참여해야 한다. 봉사활동을 점수로 환산한다는 데에는 논란의 여지가 있을 수 있으나 자신의 시간과 노력을 타인을 위해 쓰는 제도는 반드시 필요하다. 문제는 일부 아이들이 봉사 점수를 채웠으니 더 이상 봉사활동을 할 필요가 없다는 식으로 생각한다는 데 있다. 이런 인식은 고등학생은 물론 대입과는 거리가 먼 중학생에게조차 만연해 있다. 우리 모두 보이지 않게 하나로 연결되어 서로가 도우며 살아간다는 사실을 아이들이 잊지 않았으면 한다. 그리고 어른들은 아이들에게 이 사실을 깨우쳐 주는 일을 포기해서는 안 된다. 아무리 힘이 들더라도 말이다.

힘들 때 아무것도 묻지 않고 손을 잡아 주는 단 한 명의 사람이 있다면 우리의 삶은 훨씬 따뜻해질 것이다. 고양이들의 모습을 보고 감동을 받았다면 아직은 우리의 마음속에 동화 같은 따뜻함이 남아 있는 것이다. 이 온기를 잃지 않고 살아가야 한다.

② 내가 속한 공동체의 일이 나의 일이 될 수 있다고 생각하나?

이 작품에는 반복해서 나오는 대사가 있다. "이 항구에서는 고양이 한 마리의 문제가 곧 항구 고양이 전체의 문제니까."가 바로 그것이다. 이 말을 증명이라도 하듯 죽어 가는 켕가를 도와주기 위해 동분서주하는 소르바스를 보고 항구에 사는 고양이 친구들은 모두 자신의 일처럼 함께 나선다. 켕가의 시체를 묻어 주며 슬픔에 잠긴 고양이들의 구슬픈 기도에 항구의 동물 모두가 한마음으로 화답하기도 한다. 이 작품의 어디에도 소외된 개인은 없다. 그들에게 개인의 일은 모두의 일이기 때문이다. 우리는 어떠한가? 나의 일이 곧 너의 일이고, 너의 일이 곧 나의 일인가?

지금, 학교는 요즘의 학교는 상상도 못 할 만큼 바쁘고 각박하게 돌아간다. 중학교 때부터 입시에 시달리는 학생들, 수행평가와 지필고사의 압박으로 여유가 없는 교사들 등 모두가 하루살이처럼 정신없는 매일을 살아 낸다. 상황이 이렇다 보니 아이들과는 물론 교사들 간의 소통 역시 꼭 정해진 시간에 잠시 이루어지는 것이 전부다. 이런 상황에서는 나 이외의 타인, 더 나아가서는 공동체의 일에 관심을 두기란 요원하다. 어디서부터 이 문제를 풀어야 할까? 입시 제도가 바뀌면 조금은 달라질까? 교사의 행정 업무가 줄어든다면 변화할 수 있을까? '공동체'라는 단어가 무게를 갖고 중심으로 자리 잡기 위해서는 많은 것이 바뀌어야 한다. 이것이 우리가 '함께' 풀어야 할 선행 과제다.

'우리'라는 단어만큼 개인을 든든하게 붙잡아 주는 단어가 있을까? '함께'라는 단어만큼 개인에게 힘을 불어넣어 주는 단어가 있을까? 함께하는 공간에서도 각자 섬처럼 존재하는 현대인들에게는 그 섬을 이어 줄 다리가 필요하다. 커다랗고 번쩍일 필요도 없다. 나 하나 건너가고 너 하나 건너올 만큼이면 그 어떤 다리여도 상관없다. 이에 대한 고민이 시급한 지금이다.

생각훈련 독서법

③ 내가 속한 공동체에서 나는 어떤 역할을 하고 있을까?

이 작품에는 주인공인 소르바스를 비롯해서 여러 마리의 고양이가 나온다. 그들은 모두 아포르뚜나다에게 나는 법을 가르치는 일에 저마다의 방식으로 기여한다. 그들 각자가 항구에서 차지하는 입지는 다르지만 누구도 불필요한 존재는 아니다. 나는 어떠한가? 내가 속한 공동체에서 필요한 존재인가? 내가 공동체에서 하고 있는 역할은 무엇일까?

지금, 학교는 중학교 3학년인 두 녀석이 복도에서 장난을 치고 있었다. 그 아이들을 불러 세워 이런저런 이야기를 하다가 고등학교 입시에 대해 묻게 되었다. 두 아이 모두 성적이 좋지 않아 입시에 자신이 없다면서 어차피 집에서도 큰 기대를 하지 않는다고 했다. 그 말을 들으며 마스크로 가린 탓에 유난히 선해 보이는 아이들의 눈이 너무나 슬퍼 보였다. 나는 아이들에게 너희는 스스로 중요한 사람이라는 생각을 하지 않느냐고 물었고, 아이들은 성적이 안 좋고 잘하는 것도 없으니 딱히 모르겠다고 답했다. 아이들의 눈을 보니 정말 그렇게 생각하는 듯했다. 순간 가슴이 탁 내려앉았다. 왜 이 아이들은 자신을 소중하게 생각하지 않을까? 어떻게 하면 이 아이들에게 자신들의 가치를 알려 줄 수 있을까? 나는 고심하며 몇 가지 말을 골라 해 주었지만 돌아서서 교실로 향하는 아이들의 뒷모습을 바라보는 마음은 어쩐지 답답하고 착잡했다.

우리 아이들에게 매일 말해 주고 싶다. 너희는 정말 소중한 존재라고. 너희 한 명 한 명이 우리 반에 꼭 필요한 존재고 너희 한 명 한 명이 차지하는 자리는 분명히 있다고 말이다. 입시에 시달리고 성장통을 겪으며 열심히 자라나고 있는 우리 아이들이 이렇게나 힘이 빠져 있다. 아이들의 처진 어깨를 올려 주고 토닥이며 힘을 주어야 한다. 더 늦기 전에 지금 바로 해 주어야 한다.

④ 반드시 지켜야 할 약속이 있다면 무엇일까?

이 작품에는 유명한 세 가지 약속이 나온다. 켕가에게 소르바스가 하는 약속이 그것이다. "우선 알을 먹지 않겠다고 약속해 줘.", "새끼가 태어날 때까지 알을 보호해 주겠다고 약속해 줘.", "새끼에게 나는 법을 가르쳐 준다고 약속해 줘." 소르바스는 이 맹세를 지키기 위해 항구의 고양이 친구들을 찾아다니고, 왕초 쥐와 타협하는가 하면, 나중에는 불문율을 깨고 인간을 찾아가서 도움을 구하기까지 한다. 처음 만난 갈매기였지만 그와의 약속을 지키기 위해 소르바스는 최선을 다한 것이다. 나에게도 이처럼 반드시 지켜야 할 약속이 있을까? 있다면 그것을 지키기 위해 무엇을 하고 있을까?

지금, 학교는 지금은 멋진 청년이 된 오랜 제자의 이야기다. 당시

나는 중학교 내신 성적이 190점(200점 만점)이 넘는 아이들로 구성된 고1 심화반을 담당하고 있었다. 그런데 어느 날 내신 160점 정도인 한 아이가 다른 심화반을 담당했던 선생님을 설득해 심화반에 들어오게 되었다는 이야기를 전해 들었다. 이후 그 아이를 유심히 관찰하며 왜 이렇게 열심히 공부하는지 물어보았다. 아이는 고생하는 부모님을 보며 꼭 성공하고 싶다고 답했다.

나는 열정에 비해 기초가 약했던 그 아이에게 오답 노트 작성, 단어장 만드는 법, 필기 정리법 등을 알려 주었고, 아이는 그에 화답하듯 매 학기 놀라울 만큼 성적이 올라 결국 문과에서 전교 1등 자리까지 거머쥐었다.

수능을 보기 전 우연히 그 아이가 공부했던 공책과 책을 보게 되었다. 3년 내내 들고 다닌 공책과 책은 이미 낡을 대로 낡아 있었다. 내가 말한 것 이상으로 자신이 한 약속을 묵묵히 지켜 내고 있었던 것이다. 교사로서 나보다 나은 제자들을 수없이 봐 왔지만, 그 아이는 그중에서도 가장 뛰어났다. 보람보다는 감동을 주었고, 만족보다는 행복을 주었다. 이런 아이를 만날 수 있었던 나의 행운에 수도 없이 감사기도를 드렸다. 그 아이는 소원대로 좋은 대학교에 진학했고, 지금은 원하는 회사에 들어가 성실하게 재직 중이다. 스승보다 뛰어난 제자 덕분에 자신과의 약속에 충실한 것이 얼마나 멋진 일인지 알게 되었다. 심지어 지금도. 고맙다, 제자야.

약속은 소중하다. 그 내용이 무엇이든, 대상이 누구든 약속은 성립되는 순간부터 지켜져야 한다는 당위성을 갖는다. 아무리 작은 약속도 지켜지는 순간 또 다른 가치로 바뀐다. 우리는 어쩌면 이런 가치들을 위해 매일을 견디며 살아가고 있는 것일지도 모른다.

⑤ 나와는 너무 다른 타인과 공존하려면 무엇을 해야 할까?

이 작품에서 우리는 완전하게 다른 타인 간의 소통과 이해, 그리고 다름을 있는 그대로 수용할 줄 아는 존중의 태도를 배워야 한다. 생전 처음 보는 갈매기의 어려움에 무조건 공감하고 도움을 주려는 고양이 소르바스를 어떻게 생각하는가? 인간인 우리의 관점으로는 납득하기 어렵지 않은가? 그러나 이 작품은 이런 부분을 너무나 당연하게 전제한다. 우리는 평범하지 않은 이들을 어떻게 받아들이고 있는가? 혹시 그들의 다름이 불편하지는 않은가?

지금, 학교는 학교에서 담임교사들이 근무하는 부서 교무실은 대체로 넓지 않아서 이웃한 교사들과의 관계가 근무 환경에서 가장 중요한 요소다. 언젠가 나는 어떤 남자 교사와 마주 보며 앉게 되었다. 그 교사는 과묵하고 독특한 행동으로 유명한 사람이었다. 가령 나와의 책상 사이에 커다란 카드보드지를 꽂아 놓는가 하면, 한여름에도 찬 바람이 싫다며 자주 에어컨을 꺼 버리곤 했다. 우연히 학교 밖에서 마주쳐도 인사 없이 스쳐 지나갔고, 회식 자리에서는 말없이 먼저 자리를 뜨기도 했다.

그의 기행으로 불편함이 쌓였던 나는, 어느 무더운 날 또다시 에어컨을 끄는 그에게 면담을 요청했다. 그런데 불만을 하나씩 토로하는 나에게 그는 의외로 순순히 사과했다. 그러고는 자신의 행동을 설명했다. 고3 담임이라는 자리가 적성과 맞지 않았고 내성적인 성격 탓에 직장 생활이 힘겨웠으며 심한 알레르기성 비염 때문에 에어컨 바람이 불편하다는 것이었다. 이유를 알고 나니 도리어 내가 미안해지기까지 할 정도였다. 이후 그와 교무실에서 이웃으로 지내는 것이 한결 편해졌고, 심지어 그 선생님이 대학원 진학으로 휴직할 때는 진심으로 서운한 마음을 담아 작별 인사를 할 정도로 가까워졌다. 학교에서의 배움은 아이들만의 것이 아니다. 교무실에 앉아 있는 교사들에게도 배움은 끝없이 일어나고 있다.

아주 작은 다름도 우리가 인식하는 순간 그 크기가 변하게 된다. 보이지 않던 차이, 생각지도 못했던 부분들이 돋보기로 보듯 선명하게 보이는 것이다. '우리'라는 관계는 서로 다른 두 존재의 결합이자 공존이다. 나에게 보이는 타인의 다름은 상대가 느끼는 나의 다름이기도 하다. 다름은 다채로움이다. 세상은 이렇게나 다채로운 다름들이 모여 만들어 내는 커다란 하나임을 잊지 말아야 한다.

① 소르바스와 아포르뚜나다의 공통점은 무엇일까?

소르바스와 아포르뚜나다가 특별한 관계를 맺을 수 있었던 이유는 그 둘 사이에 다음과 같은 공통점이 있었기 때문이다. 우선, 둘다 자신이 속한 무리에서 '다른' 존재, 혹은 '비주류적' 존재였다는 것이다. 회색 바탕에 호랑이 줄무늬 털을 가진 다른 형제들과는 달리, 약간의 흰 털 뭉치를 빼고는 완전히 검은 털을 가지고 태어난 소르바스는 자신의 무리에서조차 다른 존재라는 부정적 시선을 받았다. 아포르뚜나다 역시 갈매기임에도 고양이들 사이에 섞여 지내며 그들과 동질감을 느끼지만, 그럼에도 그는 고양이들과 어우러진 갈매기였을 뿐, 진짜 고양이는 아니었다. 또한, 어린 소르바스가 가출을 하고도 살 수 있었던 것은 자신과 다른 종류인 인간이 베풀어 준 순수하고 진정 어린 사랑 때문이었듯, 아포르뚜나다 역시 자신과 다른 종류인 고양이와 인간의 헌신적인 사랑 덕분에 살아남을 수 있었다.

② 소르바스가 아포르뚜나다를 위해 해 준 일 중에서 가장 감동적인 일은 무엇인가?

소르바스는 처음부터 아포르뚜나다를 위해 헌신적인 희생을 마다하지 않았고 이에 관련한 여러 일화가 등장하고 있다. 모두가 감동적이지만 가장 감동적인 일화는 마침내 날아오르기 직전, 두려움에 떠는 아포르뚜나다에게 용기를 주며 그를 원래 있어야 하는 자리로 떠나보내는 소르바스의 모습이 나오는 부분일 것이다. 작가가 평생 외치던 연대 정신과 서로 다른 존재에 대한 사랑이 소르바스의 말과 모습에 매우 아름답고도 서정적으로 그려져 있다.

③ 왜 소르바스와 동료들은 인간 중에서 시인을 선택했을까?

작가는 작품에서 인간에 대해 "자신과 다른 존재를 인정하지도 않을뿐더러 인정하려는 노력조차 하지 않는다."라고 써 놓았다. 고양이들 역시 이 점 때문에 인간과의 소통을 절대 금기시해 왔다. 그렇다면 고양이들이 자신들의 금기를 깨면서까지 시인을 선택한 이유는 그가 이전까지 규정했던 인간과는 다른 특성, 즉 다른 존재를 인정하고, 인정하려는 노력을 지니고 있기 때문이라고 추정할 수 있다. 또한, 시인이 시를 짓는 행위는 보이는 것을 전체로 규정하고 보이는 것에 대해서만 가치와 의미를 찾는 것이 아니라, 보이는 것을 매개로 그 안에 담겨 있는 혹은 그것을 넘어선 의미와 가치를 찾아

담는 작업이다. 따라서 시인이라면 고양이를 단지 인간이 아니므로 배격하거나 무시하기보다는 인간과 동일 선상에서 존중하고 인정할 수 있다는 생각으로 내린 선택이었을 것이다.

④ 소르바스는 갈매기라는 시를 듣고 나서 왜 시인이 도와줄 수 있다고 확신하게 되었을까?

시인이 인용한 시는 어떤 난관을 뚫고도 기어이 날아가는 갈매기에 대한 것이다. 소르바스는 막상 시인을 찾아가긴 했으나 아포르뚜나다의 완전하지 않은 비행 기술과 폭풍우가 몰아치는 밤을 우려해 아포르뚜나다를 날려 보내자는 제안을 확신하지 못했다. 더욱이 시인이 정말 자신들을 도울 수 있을까에 대해서도 믿을 수 없었지만, 시인이 들려준 시를 통해 어린 갈매기는 어떠한 상황에서도 날 수 있으리라는 자기 확신과 함께, 시인 역시 아포르뚜나다의 비상을 믿고 있다는 것을 알게 되어 시인의 도움을 받아들인 것이다.

〈씨스피라시〉(2021)

돌고래를 사랑하는 감독이 해양 플라스틱 쓰레기 문제로 충격을 받은 뒤 바다에서의 남획, 감시의 부재 등을 짚으며 어류를 먹지 말 것을 주장하는 다큐멘터리 영화다. 개봉 즉시 커다란 반향을 일으켰지만 영화에서 주장하는 몇 가지 사실에 대해서는 반론이 있다. 그럼에도 바다 오염의 심각성에 대해서 생각해 보기에는 충분하다.

〈다크 워터스〉(2019)

실화를 바탕으로 한 작품으로 화학 물질과 에너지 사업 분야에서 세계 최대 규모를 자랑하는 뒤퐁DuPont사에서 저지른 독성 폐기·물질 유출 사건을 다루고 있다. 뒤퐁의 만행이 사실로 밝혀지는 과정을 통해 환경오염의 심각성을 다시 한번 숙고해 볼 수 있다.

〈심슨 가족, 더 무비〉(2007)

영화로 제작된 심슨 가족의 이야기로 환경오염에 대한 이야기를 다루고 있다. 유머와 풍자가 섞인 이야기를 애니메이션으로 따라가다 보면 어느덧 환경오염의 심각성에 대해 자연스럽게 생각할 수 있다. 아이들이 봐도 지루하지 않다는 것이 장점이다.

아름다운 아이	R. J. 팔라시오 *R. J. Palacio*
참고도서	책과콩나무, 2012년, 천미나 옮김

내 수업인 영어 시간이면 항상 비어 있는 자리가 있었다. 분홍색
의 예쁜 가방이 놓인 그 자리의 주인은 특수학급에 소속된 아이였
다. 어느 날 특수학급에 볼일이 있어 들렀다가 그 아이가 다른 아이
들과 즐겁게 웃으며 장난치는 모습을 보게 되었다. 분홍색 가방과
너무나 잘 어울리는 사랑스러운 아이였다. 문득 저 아이는 어떤 생
각으로 학교에 다니고 있을지 궁금해졌다.

요즘 많은 학교에서 통합교육을 실시하지만, 국·영·수만큼은 다르
다. 대부분의 특수학급 아이들이 이 수업 때만은 특수반으로 돌아
간다. 학생 인권이니 평등이니 차별이니 하는 말이 중요한 교육 현
장에서도 여전히 소통과 교류의 외곽에 놓인 학생들이 분명 존재
한다. 그들의 소외는 다수에 의해 일상적이고 당연한 것으로 여겨
진다. 이번 작품에서는 바로 이들에 대해 고민해 보고자 한다.

1. 『아름다운 아이』의 작가는 누구인가?

작가 R. J. 팔라시오는 1963년 미국 뉴욕에서 태어난 콜롬비아계 미국인이다. 본명은 레이철 자라밀로지만 어머니의 결혼 전 이름인 팔라시오를 필명으로 사용하고 있다. 그녀는 뉴욕에 있는 세계적인 미술학교 파슨스 디자인 스쿨에서 일러스트레이션을 전공했으며 작가가 되기 전에는 폴 오스터, 토마스 핀천 같은 유명 작가들을 비롯해 수많은 작가의 표지 그림을 담당했다. 본명으로 여러 편의 어린이책 일러스트레이션을 맡기도 했으며 아기들을 위한 장난감인 '보보 글러브The BoBo Glove'도 발명했다. 2012년 출간된 『아름다운 아이』(이 제목은 한국어판 제목으로 원서 제목은 『원더Wonder』다.)는 그녀의 데뷔작으로 출간 후 미국 내에서 교사들이 가장 좋아하는 책이 되었고 전 세계 45개국에서 번역되어 500만 부 이상 팔렸다. 원더를 출간한 이후, 『365일의 원더: 브라운 선생님의 명언들』(2014), 『어기와 나』(2015), 『아름다운 아이 줄리안 이야기』, 『아름다운 아이 크리스 이야기』, 『아름다운 아이 샬롯 이야기』 등 『아름다운 아이』와 연관된 책을 계속해서 출간했고, 자신이 그린 그림

책 『우린 모두 기적이야』를 2017년에 출간했다. 『아름다운 아이』는 2017년에 영화 〈원더〉로 제작되었다.

② 『아름다운 아이』는 어떤 계기로 쓰였나?

어느 날 작가와 두 아들은 아이스크림 가게 앞에서 얼굴이 심하게 일그러진 아이를 보게 되었다. 둘째 아들은 겁에 질려 울었고 작가는 그 소년이 상처받을까 걱정되어 아이들을 데리고 빠르게 그 자리를 떠났다고 한다. 그 후 작가는 그 상황에서 아이들에게 아무런 가르침을 주지 못한 자신의 처신을 깊이 후회했으며 그 사건을 계기로 그처럼 남다른 얼굴을 지닌 소년이 어떤 생각으로 세상에서 일상을 살아가고 있는지 생각하며 작품을 쓰게 되었다고 한다. 이 일화는 잭 편에서 잭의 경험으로 나오기도 한다.

③ 원제는 왜 '원더'인가?

명사인 '원더'는 경이로운 것, 경이로운 사람, 기적이라는 뜻이다. 책에서는 놀라운 용기로 삶을 살아가는 주인공 어기를 상징한다.

작가는 우연히 미국의 유명 가수 내털리 머천트Natalie Merchant의 노래 중 〈원더〉라는 동명의 노래를 듣게 되었는데, 그 노래는 남과 다르게 태어난 아이에 대한 긍정적이고 희망적인 메시지를 담고 있는 노래였고, 가사에서 특별한 아이를 만났던 이전 경험을 떠올리며 책에 대한 아이디어와 비전을 갖게 되었다고 한다.

▶ 참고영상 - [유튜브] '내털리 머천트 원더 가사' 검색

④ 주인공 어기가 앓고 있는 병명은?

책에서 어기는 자신의 병명을 하악안면골이골증Mandibulofacial Dysostosis이라고 칭하는데 그보다 잘 알려진 이름은 트리처 콜린스 증후군Treacher Collins syndrome이다. 이 병은 특정한 머리뼈 부위의 발달 부진으로 나타나는 머리뼈와 얼굴의 뚜렷한 기형이 특징인 유전 질환이다. 증상과 신체적 특성은 환자마다 다르지만 얼굴 부위에서 광대뼈, 턱, 입, 귀, 눈에 주로 기형이 나타나는 특성을 보인다. 부모 중 한쪽이 이 증상을 가지고 있는 경우 다음 세대에 유전될 확률은 50퍼센트 정도다. 4만~7만 명 중 한 명꼴로 발생한다고 알려져 있다. 책 168~170쪽에도 이와 관련된 내용이 나온다.

▶ 참고자료 - 서울대학교 병원 희귀질환센터 홈페이지

⑤ 캐릭터별 서문은 어떤 의미인가?

각 부의 서문에 실린 팝송 가사를 알면 캐릭터의 상황과 해당 챕터에 대한 이해가 완전해진다.

제1부 어거스트 – 내털리 머천트의 〈기적〉: 작가에게 영감을 준 노래이

자 책의 제목. 의사들도 설명할 수 없고, 세상 사람들은 비웃어도 너는 재능을 지닌 신의 소중한 창조물이니 헤쳐 나갈 수 있다는 가사처럼 주인공 어기를 가장 잘 집약하고 있는 노래.

• 제2부 비아 – 데이비드 보위의 〈우주의 괴짜〉: 지구 바깥에서 지구를 바라보는 일밖에 할 수 없는 톰 소령처럼, 어기를 중심으로 돌아가는 집에서 고독을 느끼는 비아의 상황을 보여 주는 내용.

• 제3부 서머 – 크리스티나 아길레라의 〈뷰티풀〉: 남들이 뭐라고 말하든 그런 말들은 의미가 없으며, 나도 아름답고 너도 아름다우니 우리가 어딜 가든 언제나 태양이 빛날 거라는 가사처럼, 어기를 자신과 동등하게 바라보며 어기와의 우정을 진정으로 가치 있게 생각하는 서머를 잘 보여 주는 노래.

• 제4부 잭 – 생텍쥐페리의 『어린 왕자』: 비행사에게 어린 왕자는 다른 별에서 온 이질적이고 이해할 수 없는 존재였으나 결국에는 그와 공감을 이루듯, 처음에 잭은 어기에게 불편함과 이질감을 느끼지만 결국 진정한 우정을 나누며 그를 공감하고 사랑하게 된다는 내용을 표현하기 위해 사용된 작품.

생각훈련 독서법

• 제5부 저스틴 – 버나드 포머런스의 「엘리펀트 맨」: 저스틴에게 어기는 처음에 희곡 『엘리펀트 맨』에서의 주인공 존 매릭처럼 괴물로 비쳤을 수 있으나, 비아를 좋아하고 어기와 친해지면서 어기의 외모 안에 깃든 본모습을 좋아하는 저스틴을 표현.

• 제6부 어거스트 – 셰익스피어의 「햄릿」: 햄릿의 수많은 부분 중 인간이라는 존재에 대한 찬미를 보여 주는 대목을 인용함으로써, 자신과 친구들, 그리고 가족에게 일어나는 여러 일을 겪으면서도 결국 성숙한 인간으로 성장해 가는 어기에 대한 찬사를 의미하는 서문.

• 제7부 미란다 – 안다인의 〈아름다운 것들〉: 자기 자신을 잃고서야 삶이 내포한 아름다움과 가치에 대해서 깨닫게 된다는 가사처럼, 학교에서 인기 있는 아이가 되고 싶어 거짓말로 자신을 꾸며 냈지만 자신에게 소중한 사람들을 잃고 나서야 그들의 소중함을 깨닫게 되는 미란다를 잘 설명하는 노래.

• 제8부 어거스트 – 유리스믹스의 〈아름다운 아이〉: 항상 곁에 있어 줄 테니 어떤 도전도 두려워 말고 해 나가라는 가사처럼, 파란만장한 5학년을 용감하게 마치고 세상의 일원이 되는 데 성공한 어기에게 그대로 도전을 계속 이어 나가라는 격려의 내용이 담긴 노래.

① 작품의 구성

이 작품은 총 8부로 구성되어 있으며, 각 장은 등장인물의 이야기를 한 편씩 싣고 있다. 1, 6, 8부는 주인공 어거스트(어기)의 이야기, 2부는 비아, 3부는 서머, 4부는 잭, 5부는 저스틴, 7부는 미란다의 이야기이며 그들의 관점에서 본 어기와 어기에 대한 생각이 담겨 있다. 각 장의 서문에는 캐릭터의 상황에 맞는 팝송 가사가 실려 있고, 책의 뒷부분에는 브라운 선생님의 금언 목록이 부록으로 실려 있다.

이 작품은 5학년이 되어서야 입학하게 된 어거스트가 학교에서 겪는 다양한 사건과 그 과정에서 사귀게 된 친구들과의 우정을 통해 한 단계 성장하며 무사히 5학년을 마친다는 내용이다. 구성에서 보이는 가장 큰 특징이자 장점은 어기가 겪는 일련의 사건들을 어기의 관점뿐 아니라 여러 등장인물의 다양한 관점으로 보여 줌으로써 어기가 처한 상황에 대한 공감을 배가한다는 점이다.

② 작품에 등장하는 캐릭터

• 어거스트/어기: 비처 사립학교 5학년에 다니는 남자아이. 작품의 주인공이자 제목 원더를 상징하는 인물이다. 하악안면골이골증 혹은 트리처 콜린스 증후군을 가지고 태어난 아이로, 외모로 인해 고통받지만 이것을 극복하는 진정한 용기를 보여 주는 캐릭터다. 과학에 소질이 있고 스타워즈 팬이며 유머 감각이 뛰어나고 우수 학생으로 5학년을 마칠 만큼 똑똑하다.

• 올리비아/비아: 고등학교 1학년 여자아이. 어기의 누나다. 어기가 태어나면서 부모의 관심과 사랑을 빼앗기지만 그것을 이해할 만큼 성숙하다. 외할머니를 누구보다 사랑하며 미란다와 절친이고 저스틴이라는 남자 친구를 사귀게 된다.

• 잭 윌/잭: 어기와 같은 초등학교에 다니는 남자아이다. 넉넉하지 않은 가정환경이지만 친구들에게 인기가 많고 성격이 좋다. 처음에는 교장 선생님의 부탁으로 어기와 함께 다니지만 어기의 진짜 모습을 발견하면서 진심으로 어기를 좋아하게 된다.

• 미란다: 어기의 누나 비아의 절친이다. 7학년 때 부모가 이혼해 엄마와 둘이 살고 있다. 어기를 친동생으로 아끼고 사랑하며 어떠

한 편견도 갖지 않고 있다. 어기를 톰 소령이라고 부르고 어기가 어렸을 때 우주인 헬멧을 사 준 장본인이다. 잠깐 비아와 사이가 소원해지지만 결국 회복한다.

• 서머: 어기와 같은 초등학교에 다니는 여자아이다. 어기가 입학한 후 처음으로 어기와 점심을 같이 먹으면서 친해진다. 서머 역시 잭과 마찬가지로 차별받는 어기를 진심으로 좋아하고 위하는 친구다.

• 저스틴: 비아와 같은 고등학교에 다니는 남자아이다. 네 살 때 부모가 이혼해 부모의 사랑과 관심을 받지 못하고 자랐다. 음악을 좋아하고 비아와는 같은 연극 동아리를 하고 있다. 어기를 처음 봤을 때는 충격을 받지만 곧 어기를 받아들이고 아낀다.

• 이사벨과 네이트: 어기의 엄마와 아빠. 브라운대학교(동부 아이비리그 중 하나인 명문 대학교) 재학 중에 만나 결혼했다. 어기와 비아에게 더할 나위 없는 부모로 그려진다. 어기가 5학년이 될 때까지 집에서 어기를 가르쳤으며 어기가 자신감을 가지고 스스로 설 수 있도록 모든 면에서 헌신한다.

생각훈련 독서법

알맹이 채우기

1. 어기처럼 희귀한 병을 가진 친구를 만나 본 경험이 있나?

2. 가장 기억에 남는 에피소드는?

3. 책에 나온 에피소드 중 비슷한 경험을 해 본 것이 있나?

4. 어기의 친구 중에서 나와 닮은 캐릭터가 있나?

5. 브라운 선생님의 금언 중에서 가장 기억에 남은 것은?

① 평범함이란 무엇일까?

이 책은 어기가 자신의 평범함에 대해 말하는 것으로 시작한다. 어기는 자신이 외모 이외에 모든 것은 지극히 평범하다고 말한다. 자신이 평범하지 않은 이유는 다른 사람들이 자신의 이런 모습을 꿰뚫어 보지 못하고 자신을 외모로만 평가하기 때문이라는 것이다. 평범함이란 무엇일까?

우리는 흔히 평범함을 남들과 크게 다르지 않음이라고 생각한다. 외모와 행동을 남들과 비슷하게 꾸미면서 스스로 평범하다고 생각하는 것이다. 또한 이러한 범위 안에서만 안전하다고 느낀다. 그러나 지구에 사는 모든 사람은 하나뿐인 독보적인 존재이며 절대로 남과 같을 수 없다. 따라서 평범함을 재정의하려면 이런 수많은 다름과 공존을 인정하고 일상적으로 받아들여야 한다.

지금, 학교는 시력이 유독 약한 아이가 있었다. 수업 시간에 필기를 하려면 책을 코가 닿을 만큼 가깝게 봐야 했고, 교실 앞의 모니터를 보기 위해서는 모니터 앞에 거의 딱 붙어 앉다시피 해야 간신히 글씨가 보일 정도였다. 이런 시력 탓에 작은 얼굴에 유난히 크고 두꺼운 안경을 써야 했고, 열심히 공부했음에도 성적은 썩 잘 나오지 못했다. 학습지도 수행평가지도 지필평가지도 그 아이용으로 크게 출력했고, 모니터 앞자리는 항상 그 아이를 위해 비워 두었다. 혹 다른 아이들이 역차별을 받는다고 느낄까 봐 나는 항상 그 수업에는 조금 더 신경이 쓰였다.

그러나 나 역시 그 아이를 평범하게 보지 못한 어른일 뿐이었다. 오히려 친구들은 그 아이를 위해 필기를 보여 주고, 과제나 시험 범위를 따로 알려 주기도 했다. 다른 곳에서는 평범하게 보이지 않을 수도 있었던 그 아이는 자신의 학급에서만큼은 완벽하게 평범하지만 시력이 조금 좋지 않은 소녀일 뿐이었다.

다름은 평범함의 반대 개념이 아니라 평범함을 이루는 필요충분 조건이다. 이것을 인식하지 못한다면 우리는 언어의 개념을 지나치게 좁게 해석하는 오류를 범하고 있는 것이다.

② 좋은 친구란 어떤 친구일까?

어기는 홈스쿨링을 받다가 5학년이 되어서야 학교에 입학한다. 모두의 예상대로 처음에는 외모로 인해 배제당하는 경험을 겪으며 힘겨운 학교생활을 해 나간다. 만일 어기에게 먼저 손을 내밀고 함께해 준 친구들이 없었다면 어기는 입학 후 얼마 지나지 않아 다시

집으로 돌아가야만 했을 것이다. 그들은 누가 봐도 좋은 친구들이었다.

학교에 간 어기에게 가장 먼저 다가간 아이는 서머였다. 집에서 싸 온 도시락을 혼자 먹어야 했던 텅 빈 어기의 식탁에 아무렇지 않게 앉아 말을 걸어 준 것이다. 누군가 가장 힘들고 외로운 순간, 특히 차별과 배제의 대상이 된 순간에 그 사람의 곁에 있어 주는 용기와 친절한 마음, 그리고 이유 없는 배제와 차별에 함께 맞서 줄 수 있는 진정성 있는 행동을 보여 주는 사람이라면 우리는 그를 좋은 친구라고 부를 만할 것이다. 비가 오는 날 건네줄 우산이 없다면 과감하게 함께 비를 맞아 주는 그런 사람 말이다.

지금, 학교는 청소년들의 우정은 마치 여름날 장마철 소나기 같다. 작은 일에 우정을 맹세하고 몰려다니다가도 어느 날 보면 작은 일로 틀어져 다른 친구들과 어울리곤 한다. 내가 담임을 맡았던 학급의 어떤 여자아이는 유독 애정과 관심이 결핍되어 있었다. 그래서 늘 친구들에게 의존했으며 자신을 조금이라도 좋아하는 남학생이 있으면 쉽게 사귀곤 했다.

학교에서 제일 인기가 많던 여자아이와 한 학기 내내 함께 다니던 그 아이가 어느 날부터 옆 반 아이와 붙어 있는 모습이 눈에 띄었다. 불러서 물어보자 원래 친했던 아이가 자기의 비밀을 다른 애한테 말해버려 절교했다는 것이다. 그러나 새로 함께 다니게 된 옆반 여자아이와도 오래가지는 못했고 나는 더 이상 이유를 묻지 않았다. 나는 우리 아이들의 이런 모습이 씁쓸하기만 했다.

살기가 어려워 누구나 쉽게 이기적이 되는 세상이다. 비를 맞아 주기보다는 커다란 우산을 든 사람 곁으로 간다고 마냥 비난만은 할 수 없다. 그럼에도 우리에게는 좋은 친구가 필요하다. 특히나 내가 가장 힘든 시기에는 말이다.

③ 어기에게 선천적 기형이 문제라면 내 문제는 어떤 것일까?

『아름다운 아이』라는 작품을 소개할 때 흔하게 나오는 문구 중 하나가 '우리 모두는 자신만의 어기를 가지고 있다'다. 이 말은 우리도 어기처럼 각자의 문제와 힘듦을 안고 살아간다는 뜻일 것이다. 이 책에 나오는 어기의 친구들은 모두 조금씩 각자의 문제를 안고 있었다. 비아는 부모의 관심과 사랑이 온통 어기에게 집중되어 있어서 남몰래 외로워 하고 때로는 어기를 부끄럽게 생각하기도 했다. 미란다는 가족을 떠난 아빠 때문에 힘들어 하는 엄마를 보며 화목한 어기의 가족을 부러워한다. 저스틴 역시 이혼 가정에서 의붓형제들과 살며 전혀 관심을 받지 못했다. 잭은 어기의 편에 서서 자신이 받는 불이익을 감당하기 어려워한 적도 있었고 경제적으로 여유가 없는 자신의 처지를 부끄러워한 적도 있었다.

우리 모두는 장애가 아니더라도 자신만의 문제와 시련을 갖고 있다. 차라리 어기를 부러워하는 사람이 있을 수도 있을 만큼 자신의 상황이 힘든 사람도 분명 존재할 것이다. 이 때문에 『아름다운 아이』에서 어기의 성장 과정이 우리에게 더욱 감동을 주는지도 모른다. 그는 누구나 예상하는 힘든 삶을 용기 있게, 그러나 '어기다움'을 잃지 않으며 헤쳐 나가기 때문이다.

지금, 학교는 지금은 성인이 된 한 아이는 빼어난 외모에 운동도 잘하고 스타일도 좋아서 인기가 많았다. 그러나 남들 앞에 나서거나 자신을 드러내는 일은 별로 없었다. 상담할 때도 진로 이외에 다른 문제는 거의 알 수 없었다. 그러던 어느 날 성실했던 아이가 지각을 했다. 그리고 그 이유를 묻는 과정에서 어려운 가정 형편을 알게 되었다. 아버지는 조폭 출신인데 이제는 나이를 먹고 몸도 아파서 경제적 능력이 없었고, 어머니는 마트에서 일하시며 근근이 생계를 책임지고 있었다. 용돈이 거의 없던 그 아이는 그날따라 아침에 우유를 너무 마시고 싶어서 버스비를 털어 우유를 사 마시고 지각을 한 것이다.

버스냐 우유냐를 두고 고민했을 그 아이를 생각하니 마음이 아팠다. 그렇게 아름답고 착한 아이가 현실적 문제를 마음에 품고 있었다는 사실을 전혀 파악하지 못해 자괴감이 들었다. 백조라고 생각했던 그 아이는 최선을 다해 백조인 척했던 오리였던 것이다.

보이는 것이 다가 아니다. 우리는 누구나 자신만의 문제를 감추고 의연하게 살아간다. 오히려 드러난 문제가 해결하기 쉬울 수도 있다. 그리고 세상에 가벼운 문제는 하나도 없다.

④ 다르게 생긴 사람은 열등한 사람일까?

책 속의 어기는 외모 면에서 분명 또래의 아이들과 다르다. 또한 신체적인 능력도 손상되어 보고, 듣고, 먹는 것에 어려움을 겪는다. 그러나 그가 가진 가장 중요한 다름은 넘침이 아니라 부족함에서 온다. 우리는 습관적으로 우리보다 능력이 부족한 사람을 열등하다고 치부해 버린다. 특히나 신체 능력이 부족한 사람은 정신적 능력 역시 부족할 것이라는 편견에 기반한 과잉 일반화를 쉽게 한다. 우리의 이런 편견적 판단이 어기에게는 일상적으로 일어난다. 그를 세상에서 가장 사랑하는 엄마조차도 어기에게 아기를 대하듯 말하고, 사실을 전달할 때도 어기가 알아듣지 못하는 것처럼 돌려 말한다. 친구들 역시 처음에 어기를 만났을 때 칠판지우개나 담임 선생님에 대해 반복해서 설명한다. 그러나 어기는 사실 과학 과목에서 뛰어난 역량을 발휘하고, 분위기를 반전시키는 농담으로 친구들을 즐겁게 해 주며, 덩치가 커다란 아이가 열지 못하는 자물쇠를 단박에 열어 버리는 우수한 아이였다.

지금, 학교는 과거 담임 반에 유난히 어두운 표정을 한 채 덥수룩한 머리로 얼굴을 가리고 다니던 아이가 있었다. 말수도 적었고 나서는 법도 없어서 담임인 나조차도 그 아이를 잘 몰랐다. 당시 우리 반은 조회 시간마다 돌아가며 한 사람씩 자신의 꿈을 발표하는 시간을 가졌다. 그런데 그 아이 차례에 나는 엄청나게 놀랐다. 아이는 꿈이 영화감독이라고 하면서 자신이 영화를 얼마나 사랑하는지, 어떤 영화가 좋은 영화인지, 자신이 존경하는 영화감독이 누구인지를 이야기한 것이다. 그 말을 하는 아이는 너무 자신감에 넘치고 반짝거려서 지금껏 내가 본 아이와는 전혀 다른 사람으로 보였다. 나 역시 영화를 사랑하고 오랫동안 영화 리뷰를 하고 있기에 이후 그 아이와 활발히 소통하게 되었고, 넉넉하지 않은 형편에도 독학으로 영화를 공부하는 그 아이를 보며 편견이 한 사람을 얼마나 좁은 세상에 가두어 버리는지 뼈아프게 깨달았다.

책의 표지가 조금 구겨져 있다고 책의 내용이 손상되었다고 생각하는 사람은 아무도 없다. 책에는 이렇게 관대하고 합리적인 우리가 정작 인간에게는 비합리적이고 무관용일 때가 많다. 우리가 누군가를 부정적으로 바라볼 때 어쩌면 우리는 상대방을 제대로 바라보는 것이 아니라 관습적 프레임에 갇혀 대상이 처한 상황만을 바라보고 있을지도 모른다.

생각훈련 독서법

⑤ 진정한 용기란 무엇일까?

〈죽은 시인의 사회〉라는 영화의 마지막은 쫓겨나는 키팅 선생을 위해 토드를 필두로 아이들이 하나둘씩 책상에 올라가 존경을 표현하는 명장면이다. 이러한 학생들의 행동에서 우리는 진정한 용기의 정의를 잘 이해할 수 있다. 진정한 용기란 옳다고 믿는 일을 지지하기 위해 하지 않아도 될 일을 하는 것이다. 『아름다운 아이』의 인물들은 어땠나. 먼저 비처 사립학교의 터시맨 교장 선생님은 예상되는 어려움을 알면서도 굳이 어기의 입학을 허가한다. 잭은 자신의 평판이 깎이고 친구들에게 외면받을 것을 알면서도 어기의 절친이 된다. 비아는 어기를 데려오면 고등학교 생활 내내 기형아의 누나라는 타이틀을 달게 될 것을 알면서도 연극에 어기를 오게 한다. 미란다는 비아와 어기에게 상처가 될 상영작을 다른 작품으로 바꾸고 자신이 누구보다 잘했을 역할을 비아에게 양보하고자 아프다는 핑계를 댄다. 마지막으로 어기는 자신의 상황을 누구보다 잘 알지만 자신다움을 잃지 않고 학교생활을 끝까지 해낸다. 이들의 행위는 모두 진정으로 용기 있는 행위였다.

지금, 학교는 남들의 평판에 더욱 민감한 우리 아이들이 진정한 용기를 내는 것은 쉽지 않다. 그래서 드물게 진정한 용기를 보인 아이들을 보면 그만큼 감동이 밀려온다. 몇 해 전 우리 반에서 기물이

파손된 적이 있었다. 책임을 묻기에 불분명한 상황이다 보니 생각보다 많은 아이가 책임을 나누게 되었다. 반장과 부반장, 그날의 주번, 기물 앞에 앉아 있던 아이, 체육 시간에 자물쇠 담당이었던 아이, 다른 반 친구를 불러온 아이, 마지막으로 우리 반에 들어온 다른 반 아이까지. 거기에 기물이 파손된 사실을 종례 시간까지 숨긴 반 아이들 모두. 나는 우선 반장과 부반장을 호되게 질책하고 뒤이어 순서대로 아이들을 꾸짖을 생각이었다. 그런데 내가 혼을 내기도 전에 반장이 먼저 죄송하다고 사과했고 뒤이어 부반장도 자신이 책무에 소홀했다며 벌을 받겠다고 했다. 이후 여러 아이가 자신의 잘못이라며 동시에 나섰다. 순간 나는 〈죽은 시인의 사회〉의 마지막 장면이 떠올랐다. 결국 그 사건은 약간의 훈화로 마무리되었고 범인은 알아낼 수 없었지만 교사로서 보람과 행복을 느낀 기억으로 오랫동안 남게 되었다(사실 범인이 누군지는 이미 알고 있었다! 교사들이 늘 그렇듯이).

남들에게 좋은 평가를 받고 싶고, 남들이 가는 안전한 길을 택하려는 것은 우리의 본성이다. 그러나 내가 용기 있게 타인을 위해 나서지 않는다면, 언제고 그다음에 나의 순서가 되었을 때, 그 누구도 나를 위해 용기를 내 줄 사람이 없을 것임을 잊어서는 안 된다.

생각훈련 독서법

1 서머가 핼러윈 데이 사건에 관해 잭에게 좀 더 빨리 힌트를 주었으면 어땠을까?

서머는 어기가 잭에게 화난 이유를 어기에게 듣고, 잭에게 절대 말하지 않기로 약속하지만 한 달여 후 잭에게 결정적인 단서를 제공한다. 결국 이 단서를 듣고 잭이 사태를 파악하게 되기 때문에 어기와 한 약속은 어긴 셈이 되었다. 약속은 지켜야 하는 것이지만 자신의 이익이 아니라 소중한 사람을 위해서라면 어쩔 수 없이 지키지 못하는 경우도 있다. 물론 서머가 한 달 정도 지난 뒤에 잭에게 단서를 주어서 잭이나 어기가 서로의 소중함을 깨닫는 계기가 되었을 수는 있으나 그래도 좀 더 빨리 말해 주었다면 잭도 어기도 마음고생을 덜 하지 않았을까 하는 아쉬움이 든다.

2 비아는 엄마의 관심이 어기에게 쏠린 것을 이해하면서도 힘들다는 것을 엄마에게 좀 더 빨리 말할 수는 없었을까?

비아가 집에서 느꼈던 상대적 외로움은 외동이 아닌 사람이라면 어린 시절 몇 번은 느껴 보았을 경험이다. 그러나 비아는 어기의 특별함 때문에 고등학생이 되는 시점에도 자신이 가족의 중심이 아닌 주변에 있다고 느끼고, 어기로 인한 외로움이 당연하다고 이해는 하면서도 자신도 아직 어리기 때문에 여전히 힘들어한다. 문제가 없을 때도 이런 외로움은 쉽지 않겠지만, 비아의 경우처럼 절친과의 문제가 생긴다면 더더욱 소통이 절실해질 것이다. 비아는 아빠와 어기에게는 솔직한 마음을 털어놓았으나 정작 엄마에게는 힘듦을 털어놓지 못하고 마음고생을 한다. 결국 해결은 되었지만, 비아는 엄마에게 좀 더 빨리 말했어야 했다. 오히려 엄마 입장에서는 늘 야무지고 어른스러운 비아가 아무 말도 해 주지 않으면 잘 지내고 있다고 오해할 수도 있으니 말이다.

(3) 미란다는 여름 캠프에서 자신이 한 거짓말에 관해 힘들어지기 전에 비아에게 먼저 솔직히 말할 수는 없었을까?

미란다는 선하고 순수한 캐릭터다. 그렇기 때문에 캠프에서 비아와 어기를 이용한 거짓말로 인해 양심의 가책을 느껴 비아와 예전처럼 지내지 못하고 거리를 두게 된 것이다. 비아에게 역할을 양보하고 어기를 위해 학교 연극에 올릴 상영작 교체를 위해 분투를 벌일 정도로 비아와 어기를 사랑하면서도 한동안 사실을 말하지 못하고 힘들어한다. 그러나 자신이 힘들었던 만큼 비아도 힘들었을 거란 사실을 생각하고, 자신이 사랑하듯 비아 역시 여전히 자신을 사랑하고 있을 거라는 것을 믿었다면 미란다는 좀 더 빨리 용기를 냈어야 했다. 미리 말했더라면 자신의 갑작스러운 냉정함으로 비아와 자신 둘 다 상처 입고 힘들어 하는 시간을 겪지는 않았을 것이기 때문이다.

〈원더〉(2017)

원작을 거의 그대로 옮겨 놓았고, 사소한 대화나 에피소드 등에서만 원작을 조금씩 각색했을 뿐이므로 수업에 활용하기 편리하다. 게다가 트리처 콜린스 증후군을 가진 어기의 외모를 직접 볼 수 있어 아이들이 어기의 고통이나 상황을 생생하게 체감할 수 있다는 장점이 있다.

〈스탠 바이 미〉(1986)

네 명의 어린이들이 어느 날 살인사건에 대해 알게 되면서 시체를 찾아 떠나는 1박 2일의 여정을 다룬 미국 작품이다.

이 작품에서 주인공 고디는 〈원더〉와는 반대로 죽은 형에게 부모의 관심과 애정을 빼앗겨 소외를 느낀다. 〈원더〉에서 어기가 학교생활을 성공적으로 마치기까지 친구들의 존재가 절대적이었듯이 이 영화에서는 고디에게 크리스라는 든든한 친구가 있어 성인으로 성장하는 데 큰 도움이 된다.

〈프리다의 그해 여름〉(2017)

부모를 잃고 외삼촌 가족과 함께 시골에서 살게 된 여섯 살 소녀 프리다의 외로운 생활을 그려 낸 스페인 영화다. 말로 자신의 감정을 정확하게 표현하기 어려운 여섯 살이라는 나이에도 공허함과 외로움을 느낄 수 있음을 보여 주고 있어, 5학년인 어기가 느낀 외로움과 소외의 감정을 생각해 볼 수 있게 하는 영화다.

〈테스와 보낸 여름〉(2019)

주인공 샘이 가족과 여름휴가를 보내기 위해 찾은 휴양지에서 테스라는 또래의 소녀를 만나 테스의 아빠 찾기 모험에 동참하며 그 과정에서 현재의 소중함을 깨닫는다는 네덜란드 영화다.

테스와 샘은 겉보기에는 평범한 어린이들이지만 〈원더〉의 등장인물들처럼 각자 해결해야 할 문제들이 있었다. 샘은 테스의 아빠 찾기 모험에서 테스의 반대에도 용기 있는 결정을 하고, 결국 이 덕분에 해피 엔딩을 맞는다. 테스를 위해 나서 준 샘의 용기와 어기를 돕기 위해 나선 친구들의 용기를 비교해 보며 진정한 용기와 우정에 대해 생각해 볼 수 있다.

	웬들린 밴 드라닌 *Wendelin Van Draanen*
플립	
참고도서	에프(F), 2017년, 김율희 옮김

10년 전 졸업한 아이에게서 오랜만에 문자가 왔다. 모바일 청첩장과 함께. 교사가 된 지 얼마 안 돼서 처음으로 고3 담임을 맡아 긴장했을 때, 반장으로 묵묵히 나를 돕던 듬직한 아이였다. 신부는 고2 때부터 사귀던 여자 친구라고 했다. 당시에도 예쁘게 사귀고 있어서 응원해 줬는데 결혼까지 이어지다니 놀라운 마음을 넘어 감동적이라는 생각마저 들었다.

요즘 아이들이 이성 친구를 사귀는 것을 보면 생각이 많아진다. 인생에서 가장 반짝이는 그 시절의 경험이 이후의 삶을 움직이는 막강한 엔진이 된다는 것을 모른 채 철없는 사랑을 할 때가 많은 것 같다. 이번 작품을 보며 사랑에 빠진 아이, 사랑에 빠지고 싶은 아이들과 함께 사랑에 대해 생각해 보고자 한다.

① 『플립』의 작가는 누구인가?

작가인 웬들린 밴 드라닌은 1965년 미국 시카고의 네덜란드 이민자 가정에서 태어났다. 15년간 고등학교에서 컴퓨터와 수학을 가르쳤으며, 글을 쓰기 시작한 계기는 대학 재학 중 가족이 운영하던 사업이 실패하며 심적인 어려움을 겪을 때 마음을 다잡기 위해서였다고 한다. 첫 책은 1997년에 출간되어 작가로 데뷔하기까지 10년이 걸렸으나 그 이후 전업 작가가 되어 성공 가도를 달리고 있다. 그녀가 써내는 책의 주 독자층은 어린이나 청소년이며, 에드거상을 수상한 『새미 키스』 시리즈를 비롯해 『슈레더맨』 시리즈, 『게코와 스티키』 시리즈 등 30여 권의 책을 썼고, 그중 『플립』과 『슈레더맨』은 영화로 제작되었다. 작가는 자신의 취미를 3R^{reading, running, rock'n'roll}, 즉 독서, 달리기, 로큰롤이라고 밝혔는데, 작가인 남편과 함께 문학 활성화를 위해 마라톤 행사를 주도해 기금을 마련하고

▶ 참고자료 - 에드거상: 미국에서 출판되거나 방영된 미스터리, 범죄, 서스펜스 등의 추리 장르 작품들을 대상으로 하는 문학상이다. 미국 추리작가협회에서 1946년부터 매년 발표하고 있으며 상의 이름은 미국의 작가 에드거 앨런 포에서 따왔다. 수상자에게는 에드거 앨런 포의 흉상 트로피를 수여한다.

있으며, 남편, 두 아들과 함께 리스키 휘펫Risky Whippet이라는 밴드를 만들어 기타와 보컬로 활동하고 있다.

② 플립Flipped 은 무슨 뜻인가?

이 책의 원제목은 'flipped'이지만 한글 제목은 원형인 flip을 그대로 이용했다. 원래 flip은 동사로 '(동전 등을) 뒤집다, 확 젖히다, 너무 화가 나거나 흥분해 획 돌아 버리다, 열중하다'의 의미다. 제목에 수동의 의미를 갖는 과거분사형이 사용되었으므로 '심장이 뒤집힐 만큼 반한 상대에게 열중한다'는 뜻이다.

③ 성장 소설과 청소년 소설의 차이는 무엇인가?

플립은 성장 소설이지만 엄밀히 말하면 청소년 소설로 보이야 한다. 성장 소설이란 '유년기에서 소년기를 거쳐 성인의 세계로 입문하는 한 인물이 겪는 내면 갈등과 정신적 성장, 자신을 둘러싸고 있는 세계에 대한 각성 과정'을 주로 담고 있는 작품들이다. 이러한 작품들은 대개 성인의 입장에서 자신의 유년 시절을 추체험하고 재평가하면서 반성적으로 사유한 결과물을 고백하는 방식을 택한다. 이 경우 작중 시간은 유년기지만 창작은 성인으로 진입한 이후에 이루어진다.

한편, 명시적으로 청소년을 목표로 쓰인 청소년 문학은 특별히 청소년을 위해, 그리고 청소년에 대해 쓴 문학이다. 이 관점에서 청소년 문학은 청소년 독자를 위해 쓰인 문학적 구성, 즉 청소년들의 삶, 경험, 열망, 고민 등과 관련된 이슈들을 다루고 있다. 청소년을 문학 텍스트를 읽는 주요 예상 독자로서 글에서 형상화하고 있는 것이다. 그러므로 청소년 문학은 청소년기인 작중 인물에 초점을 두어 그들의 정체성 인식, 모험, 꿈(희망), 그리고 사소한 일들을 탐구한다.

성장 소설과 청소년 문학의 개념은 다르지만 두 장르는 모두 청소년들의 삶의 문제를 다룬다는 점에서는 공통분모를 갖는다. 그러나 실제로 엄밀하게 구분하자면 청소년 소설과 청소년에 관한 성인 소설로서의 성장 소설에는 관점의 차이가 있다. 성장 소설에서의 시점은 젊은 날(어린 날)의 경험을 반추하는 성인의 것이지만, 청소년 소설에서의 시점은 자신들의 세계를 탐구하는 작중 인물의 관점을 재현하는 것이다. 다시 말하면 성장 소설은 일반 문학의 한 장르적 분류 개념으로써 주로 10대의 작중 화자를 등장시켜 그들의 내면과 세계와의 갈등을 표출하지만, 애초부터 청소년 독자만을 염두에 두고 창작하지는 않는다는 점에서 청소년 소설과는 다르다.

▶ 자료 출처 – 우동식, 「총론, 성장소설의 역사」, 학교도서관저널

① 작품의 구성

이 작품에서 가장 두드러진 점은 제목 그대로 형식과 내용을 구성했다는 점이다. 이 작품은 제목의 의미대로 같은 사건을 브라이스와 줄리 두 사람의 관점을 뒤집어 가며 번갈아 들려준다.

내용적 구성에서도 제목의 의미를 반영했다는 점에서 작가의 재치를 엿볼 수 있다. 첫 만남에서 바로 flipped, 즉 브라이스에게 반하는 줄리에 반해, 브라이스는 마지막에야 비로소 flipped, 즉 줄리에게 온전하게 마음을 빼앗긴다. 내용적 구성에서도 두 주인공이 상대에게 느끼는 감정의 상태가 뒤집혀 있는flipped 것이다.

② 작품에 등장하는 캐릭터

• 줄리 베이커: 전 과목 A를 받을 만큼 똑똑하고, 플라타너스에서 삶의 깨달음을 얻을 정도로 성숙한 중학교 2학년 여학생이다. 브라이스를 보고 첫눈에 반하지만, 점차 외모보다는 그 너머의 내면을 보려고 노력하며 그 과정에서 브라이스에게 많이 실망하게 된다. 아빠와 엄마를 진심으로 사랑하고 존경한다.

- 브라이스 로스키: 밝은 금발에 빛나는 파란 눈을 가진 전형적인 미남형 남학생이다. 줄리와 첫 만남 이후 줄리로부터 적극적이고 지속적인 사랑을 받고 귀찮아 하지만, 자신도 모르는 사이에 줄리를 의식하게 된다. 결국 줄리를 진심으로 사랑하게 되면서 그녀의 사랑을 원하게 되고, 그 과정에서 성숙한 인간으로 성장한다.

- 스티븐 로스키: 브라이스의 아빠로 젊은 날에는 기타를 치며 컨트리음악을 하기도 했으나 현재는 차갑고 냉소적인 인물이다. 자신보다 가난한 줄리의 집안을 무시하며, 아내와 장인에게도 무례하고 배려 없는 언행을 일삼는다.

- 리처드 베이커: 줄리의 아빠로 벽돌공으로 일하며 정신지체가 있는 동생을 돌본다. 여유 시간에는 마당에서 풍경화를 그리며 줄리와 깊은 이야기를 나눈다. 줄리를 잘 이해하며 언제나 딸의 입장에서 이야기를 들어준다. 가족에게 존경과 사랑을 받는 인물이다.

- 체스터 던컨: 브라이스의 외할아버지로 아내를 여의고 브라이스 가족과 함께 살고 있다. 딸네 가족과는 소통이 없지만 줄리와는 금세 마음을 나누며 친해진다. 브라이스가 외모뿐만 아니라 마음까지 아빠를 닮지 않도록 곁에서 조언하고 깨우침을 준다.

1. 브라이스처럼 누군가가 나를 좋아한 경험이 있나?

_____

_____

2. 줄리처럼 첫눈에 반한 누군가를 좋아해 본 경험이 있나?

_____

_____

3. 싫어했던 사람을 좋아하게 된 경험이 있나?

_____

_____

4. 책에 나온 에피소드 중 가장 공감 가는 것은?

_____

_____

5. 책에 나온 인물 중 가장 마음에 들지 않는 캐릭터는?

_____

_____

① 부모가 끼치는 영향을 스스로 받아들이거나 벗어날 수 있을까?

작품 속 줄리와 브라이스는 주변 어른들의 언행을 보며 판단하고 자신들만의 생각으로 발전시킨다. 줄리는 아빠가 해 주는 말을 스스로 이해하려고 애쓰는 과정에서 깨달음을 얻는다. 반면 브라이스는 아빠의 언행을 서서히 비판적으로 바라보며 닮아서는 안 되는 모습을 가려낸다. 중학교 2학년인 두 주인공은 이처럼 부모와 자신을 분리해 판단하고 생각한다.

지금, 학교는 나를 유난히 힘들게 하던 아이가 있었다. 아프다고 결석했는데 알고 보니 집에서 빈둥거리며 게임을 했고, 무단 외출을 해 놓고도 점심시간인 줄 알았다고 하는가 하면, 수업 종이 쳤는데도 복도를 돌아다니다가 다른 교사에게 혼이 나서야 반에 들어오곤 했다. 한 달에 한 번 쓸 수 있는 생리 결석을 몸이 안 좋다는 핑계로 여러 차례 요구하기도 했었다. 이럴 때마다 그 아이의 뒤에는 아이를 위해 서류를 만들어 주고 전화를 하던 엄마가 있었다. 그 아이가 나에게 호되게 꾸지람을 들은 날에는 학교로 찾아와 교사의 자질에 대해서 따져 묻던 분이었다. 그 아이는 엄마를 과할 정도로 따랐으며 나나 다른 교사들은 안중에 없었다. 고등학교 3학년이었음에도 엄마와 자신을 동일시하고 엄마를 완전한 롤 모델로 여기고 있었다.

10대까지는 주변 어른들의 영향이 절대적이다. 그럴 수밖에 없기 때문에 부모와 교사들은 언행과 인성에 신중하고 품격을 갖춰야 하며, 아이들은 어른들을 제대로 판단할 수 있는 생각의 힘을 키워야 한다. 부모의 미덕과 가치는 물려받되 부모의 언행과 철학에 대해서는 스스로 판단할 줄 아는 능력이 절실하다.

② 성장을 위해 줄탁동시의 역할을 해 줄 멘토는 필요한가?

브라이스에게 할아버지마저 계시지 않았더라면 줄리의 참모습을 언제쯤 깨달았을까? 깨달을 수는 있었을까? 줄리 역시 아빠가 계시지 않았더라면 브라이스를 외모로만 좋아하다가 어느 시점에 포기해 버리는 평범한 소녀가 되지 않았을까? 소크라테스가 일찌감치 말했듯이 인간은 누구나 내면에 지혜를 품고 있다. 그러나 내 안의 지혜와 심안을 깨닫기 위해서는 외부의 자극이 반드시 필요하다.

지금, 학교는 중학교에서 처음 담임을 맡았던 해에 만난 아이의 이야기다. 말이 없고 조용하던 그 아이는 말썽을 부리는 일도 없어서 특별히 이야기를 나눌 기회가 적었다. 그러던 어느 날, 조회 시간에 독서를 시키고 돌아다니던 내 눈에 그 아이가 적은 낙서가 들어왔다. "사랑?". 그 낙서를 보고 내심 너무나 반갑고 흐뭇했다. 그 아이의 마음속에 요동치는 감정의 격동을 확인할 수 있었기 때문이다. 그날 오후 아이와 사랑에 대한 이야기를 나누었다. 반에서 사귀는 친구들을 보고 문득 떠오른 생각이었다는 대답에 이후에도 함께 나눌 거리가 있으면 언제든 오라고 말해 주었다. 그 뒤 아이는 답을 하기 어려운 많은 문제를 가지고 나를 찾아왔다. 학교는 왜 다니는가, 시험은 왜 봐야 하나, 교사답지 않은 사람을 왜 선생님이라고 불러야 하는가, 사랑을 안 해도 살 수 있는가 등. 지금 생각해 보면 그 아이와의 1년은 내 생각을 훈련한 시기이기도 했다. 학년을 마치며 그 아이는 나에게 그동안 감사했다며 책도 더 읽고 공부도 많이 해서 더 좋은 질문을 가지고 찾아오겠다는 작별 인사를 남겼다. 코로나의 시기에 졸업한 뒤로 더 이상 깊은 이야기를 나눌 수는 없었지만, 여전히 안부 메시지를 주고받으며 그 아이가 생각을 멈추지 않고 있음을 알게 되어 뿌듯한 마음이 들었다.

내가 그 아이의 멘토였을까? 그건 아니라고 생각한다. 그저 자신의 고민에 편견을 갖지 않고 진지하게 동참해 준 사람 정도였을 것이다. 아이들은 대부분 질문을 하지 않는다. 질문을 해도 학업이나 진로에 국한되는 경우가 많다. 우리 아이들이 생각과 감정을 더 많이 궁금해했으면 한다. 진짜 자신의 것, 부모님의 관심사가 아닌 것을 궁금해 하고 물었으면 한다. 그때 어른들이 할 일은 아이들의 질문을 망설이지 않고 바로 받아 주는 것이다. 그것만으로도 아이들에게는 충분하다.

③ 어떤 사물이나 사건이 깨달음을 줄 수 있나?

『플립』을 다 읽고 책을 덮은 후 가장 기억에 남는 것은 아마도 플라타너스일 것이다. 이 작품에서 플라타너스는 나무 그 자체로의 의미보다 줄리에게 인식의 변화와 삶에 대한 깨달음을 주는 성장의 도구를 상징한다. 줄리는 플라타너스에 올라가서 세상을 다른 관점으로 내려다보며 드디어 아빠가 말했던 '전체는 부분의 합보다 크다'는 것의 의미를 깨닫는다. 그럼으로써 사람을 파악하거나 삶을 이해하는 데 개별적인 것에 의미를 두면서 일희일비하지 않고 전체적인 장의 개념으로 받아들이기 시작한다.

지금, 학교는 예전에 근무하던 고등학교에서 너무나 비극적인 사건이 일어난 적이 있었다. 아침을 먹고 등교 준비를 하던 아이가 욕실에서 심장마비를 일으켜 갑자기 세상을 떠난 것이다. 그 소식을 들은 모든 교사가 큰 충격에 빠졌고, 특히 해당 학급의 아이들은 태어나 처음 겪는 엄청난 슬픔과 마주해야 했다. 나 역시 얼마 전까지 나를 보며 웃던 그 아이가 생각나 몹시 참담했다. 그날 마음을 추스르고 용기를 내어 그 반에 들어가니 그 아이의 빈자리에는 친구들이 붙여 놓은 포스트잇 메모가 가득했고 아이들은 내 얼굴을 보자마자 울기 시작했다.

그날의 비극은 어떤 말로도 이해되거나 상쇄되는 것이 아니었다. 이후 그 아이의 담임교사는 학급의 아이들과 매일 새로운 메모를 써서 그 아이의 자리에 붙였다. 이 비극적인 죽음을 다 함께 받아들이고 이겨 나가자는 의도였다. 당시 말썽쟁이가 많기로 유명했던 그 반의 아이들은 자리로 돌아오지 못하는 친구에게 메모를 써 가며 이전과 달리 차분해지고 성숙해졌다. 꽃보다 예뻤던 나의 제자가 가끔 생각난다.

미성숙한 자아에서 성장하기 위해서는 비범한 결심이 동반되어야 한다. 바로 그 비범한 한 번을 위해 결정적 계기가 필요한데, 우리의 비극은 그 순간을 놓치거나 인식하지 못한다는 데 있다. 누군가를 잃는 것처럼 슬픈 일이 아니더라도 그 순간을 깨닫기 위해 우리는 일상을 좀 더 가까이 들여다봐야 한다. 혹시 아는가? 이미 우리 곁에도 플라타너스가 있을지 말이다.

이성을 진정으로 사랑하기 위해서는 무엇이 필요한가?

작품에서 줄리는 브라이스의 부족한 면을 발견하면서 점점 실망하지만, 브라이스는 줄리의 전체를 들여다보면서 점점 사랑을 느낀다. 그러나 자신에게 실망한 줄리의 마음을 되돌리기가 쉽지 않았다. 브라이스가 마지막에 선택한 방법은 어린 플라타너스를 줄리네 앞마당에 심는 일이었다. 그런 브라이스를 보며 줄리는 마침내 브라이스를 다시 만나기로 결심한다. 브라이스는 왜 플라타너스를 심었을까?

지금, 학교는 고등학생 때부터 지금까지 사귀고 있는 스무 살이 훌쩍 넘은 제자들의 이야기다. 당시에는 여자아이가 남자아이의 장난에 스트레스를 심하게 받을 정도로 둘은 험하게 놀았다. 새침한 여자아이와 장난을 일삼던 남자아이가 서로 사귀게 되었다는 소식은 나에게 신선한 충격이었다. 어떻게 교제하게 되었냐고 하니, 대입을 준비하면서 유난히 힘들어 하던 여자아이에게 남자아이가 수능 전날에 집 앞에 찾아와 인형을 던져 주며 엄지척을 해 줬다는 것이다. 재수까지 생각할 만큼 입시에 시달리던 여자아이는 늘 까불던 그 남자아이가 자신에게 자신감을 불어넣어 주기 위해 집 앞까지 찾아왔다는 것에 큰 위안과 감동을 받았다고 한다. 수능 이후 그 남자아이를 만나 보니 자신의 관심사와 장단점을 잘 알고 있었으며 항상 드러나지 않게 자신을 격려해 주는 착한 아이였음을 알게 되었다는 것이다.

여자아이가 이런 이야기를 하는 동안 귀가 빨개진 채로 미소를 짓는 남자아이를 보며 이 아이들이 사랑의 본질에서 연애를 시작했다는 생각에 기뻤다. 실제로 이 아이들은 남자아이가 군대를 마치고 복학해서 학교를 다니는 지금도 장거리 연애의 모든 어려움을 극복하고 예쁘게 서로를 사랑하는 중이다. 마음의 눈으로 서로를 바라보고 있는 나의 제자들을 응원한다.

플라타너스는 줄리에게 세상에 대한 관점을 바꿔 주고 평범한 일상에 마법 같은 순간을 선사해 준 소중한 존재였다. 즉, 줄리의 내면에 감춰진 내밀하고 지극히 개인적인 의미를 갖는 존재였으며 지금의 줄리를 이해하려면 반드시 거쳐야 하는 관문이기도 했다. 브라이스가 줄리의 내면을 온전하게 이해하지는 못했겠지만 적어도 그는 플라타너스를 심음으로써 줄리에게 이런 메시지를 보낸 것이다. "너에게 소중한 것은 나에게도 소중해. 나는 너를 알고 싶어."라는. 무지갯빛을 내는 누군가를 발견한다면, 그 찬란한 빛이 그 사람의 내면에서 시작되고 있음을 잊지 말아야 한다. 마음의 눈으로 그 사람의 모든 것을 들여다볼 때 우리는 서로에게 무지개가 될 수 있다.

① 플라타너스가 잘리려고 할 때 브라이스는 왜 줄리의 부탁을 거절하고 학교에 가 버렸을까?

초등학교 시절과 중학교 1, 2학년을 보내면서 브라이스는 자신을 지나치게 좋아해서 졸졸 따라다니는 줄리를 귀찮아 하고 부끄럽게 여겼다. 따라서 브라이스는 당연히 자신이 줄리에게 관심도 없으며, 줄리를 싫어한다고 생각해 왔고 실제로도 그랬을 것이다. 그러나 나무가 잘리던 당시 자신에게 도움을 요청하는 줄리를 보며 순간적으로 브라이스는 돕고 싶은 마음에 동요하게 된다. 플라타너스 나무가 줄리에게 얼마나 중요한지 알고 있었기 때문이다. 브라이스는 어떻게 이 사실을 알고 있었을까?

책 전체를 살펴보면 이 사건부터 브라이스가 줄리에 대해 생각하는 태도가 바뀌는 것이 드러나는데(기존의 줄리에 대한 비난이 걱정으로), 이는 자신도 모르는 사이에 브라이스가 줄리에게 관심을 갖기 시작했다는 것을 의미하며, 서로를 향한 두 사람의 마음이 앞으로 뒤집힐 것flipped임을 암시하는 대목이기도 하다. 다만 당사자인 브라이스는 자신이 왜 그토록 성가셔했던 줄리의 절박함을 이해하고 있는지를 아직은 알지 못하니 혼란스러워 당황하게 된 것이고, 또한 친구들에게 줄리를 좋아한다는 놀림을 받고 싶지 않기도 했기 때문에 줄리를 돕지 않고 가 버린 것이다.

② 브라이스는 왜 줄리가 가져다준 달걀을 거절하지 않고 받아서 버렸을까?

표면적으로 드러난 이유는 아빠 때문이다. 아빠는 브라이스가 여자아이에게 맞서지 못하는 겁쟁이라고 했고, 그게 아니라면 달걀을 들고 당당히 줄리를 찾아가서 달걀을 먹지 않으니 주지 말라고 말하라고 했는데, 브라이스가 이렇게 할 수 없었기 때문에 달걀을 받아서 몰래 버려야만 했던 것이다. 그럼 왜 브라이스는 줄리에게 직접 거절의 말을 하지 못한 걸까?

달걀 사건은 플라타너스 나무 절단 사건을 겪은 후에 발생했다. 우리는 그 사건 이후 줄리에 대한 브라이스의 감정이 자신도 모르게 달라져 있다는 것을 알고 있다. 이것을 토대로 브라이스의 감정을 살펴보면, 줄리가 달걀을 줄 때마다 너무 행복해 보였다고 생각했다는 점, 줄리에게 달걀을 버리는 장면을 들켰을 때 자신이 줄리에게 들었던 형편없는 이유로 자책했다는 점, 줄리의 감정이 상할까 봐 자신이 말을 못 했던 것은 아닐까 고민했다는 점은 줄리를 향한 브라이스의 마음이 점점 커지고 있음을 보여 주는 것이고, 따라서 브라이스는 겉으로는 아빠를 핑계로 줄리에 대한 자신의 감정을 방어하고 있으나 실제로는 줄리에게 상처를 주고 싶지 않아서 달걀을 받았을 가능성이 크다.

③ 브라이스가 개럿에게 줄리의 정신지체 삼촌에 대해 말했을 때, 개럿의 반응에 화가 났지만 웃어넘긴 이유는 무엇일까?

개럿과 이 대화를 나누는 시점에 이미 브라이스는 줄리에게 관심을 넘어선 감정을 갖고 있는 상태였음에도 불구하고, 아직은 스스로 인식을 못 하고 줄리에 대한 자신의 감정에 혼란스러워 하고 있었다. 그런 상태에서 입이 가벼운 개럿의 생각 없는 말에 화를 내서 개럿이 자신과 줄리에 관한 소문을 내고 다니는 사태를 피하고 싶었던 것이다. 이 대목이 보여 주는 것은 무엇일까? 개럿의 말은 누가 들어도 화를 낼 만한 것이었으므로, 상식적인 차원에서 개럿을 비난한다 해도 전혀 이상할 것이 없었다. 그럼에도 이렇게 평범한 대응에서조차 줄리와의 관계를 의식하는 브라이스의 행동은 줄리에 대한 감정이 이미 상당히 진전되었음을 드러내고 있는 것이다.

〈플립〉(2010)

원작을 거의 그대로 옮겨 놓았고, 사소한 대화나 에피소드 등에서만 원작을 조금씩 각색했으므로 수업에 활용하기 편리하다. 원작은 현대가 배경이지만 영화는 1950~1960년대 초로 설정되었는데, 이는 감독이 원작의 핵심인 순수함을 잃지 않았던 시대가 존 F. 케네디 암살 이전이라고 생각했기 때문이라고 한다.

〈리틀 맨하탄〉(2005)

『플립』의 주인공들보다 조금 어린 열 살 소년과 열한 살 소녀의 첫사랑 이야기다. 『플립』과는 달리 첫사랑에 빠진 소년의 관점으로만 이야기가 진행되며, 나이와 상관없이 사랑에 빠진 사람들의 모습이 그려진다.

〈마이걸〉(1991)

여주인공 베이다는 선생님을 짝사랑하고 남주인공인 토마스는 베이다를 짝사랑한다. 학창 시절 아이들이 선생님 또는 함께 놀던 친구들을 좋아하는 평범한 일상을 담고 있다. 또한 초등학생들이 죽음을 통해 성장해 나가는 모습을 담고 있기도 하다.

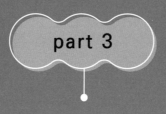

part 3

먼 것 같지만
가까운

아몬드	손원평
참고도서	창비, 2017년

살면서 겪는 다양한 경험만큼 우리의 감정 역시 다양하게 쏟아져 들어온다. 하지만 아무리 좋은 감정도 영원히 지속되지 못한다. 마찬가지로 아무리 힘든 감정도 시간이 지나가면 희미해지기 마련이다. 가끔은 감정의 파도에 지쳐 아무런 감정을 느끼고 싶지 않을 때도 있다. 우리가 받는 스트레스가 감정의 산물이자 찌꺼기처럼 자주 느껴지기 때문일 것이다.

교사로서도 마찬가지다. 학교에서 아이들과 지내다 보면 온갖 감정을 느끼게 된다. 하지만 이런 감정을 부정하는 것은 아이들을 부정하는 것이나 다름없다. 그래서 나는 나의 감정들을 포용하고 이해하고 받아들인다. 그리고 아이들을 바라본다. 특히 나를 힘들게 하는 아이를. 나의 시선을 그들이 느끼고 이해해 주길 바란다. 나의 시선 끝에 달린 작은 문을 통해 기꺼이 나에게 다가오라는 메시지임을 말이다.

생각훈련 독서법

1 『아몬드』의 작가는 누구인가?

작가인 손원평은 1979년 서울에서 태어났다. 그녀는 소설가이자 영화감독이기도 하다. 서강대학교 사회학과를 졸업하고 한국영화 아카데미 영화과에서 영화 연출을 전공했다. 2001년 씨네21 영화 평론상 우수상을 수상하며 영화평론가로 데뷔했다.

원래 꿈이 소설가였던 작가는 자신의 롤 모델을 현진건 작가라고 밝혔다. 그 이유는 그의 글들이 자신의 취향과 잘 맞을 뿐 아니라 자신과 마찬가지로 현진건 역시 소설가이면서 『동아일보』 사회부 기자로 두 개의 직업을 가졌기 때문이다. 또한 아이 넷을 키우며 영화배우로도 성공한 메릴 스트립을 좋아한다고 말하기도 했다. 그러면서 자신 역시 가정과 일을 성공적으로 병행하는 사람이 되고 싶다고 덧붙였다.

〈인간적으로 정이 안 가는 인간〉(2005)과 〈너의 의미〉(2007) 같은 단편영화를 연출했고, 2016년 『아몬드』로 제10회 창비 청소년문학상을, 『서른의 반격』으로 제5회 제주 4·3 평화문학상을 수상했다. 2020년에는 영화 〈침입자〉로 장편영화 감독으로 데뷔했고 2022년에는 소설 『튜브』를 출간했다.

▶ 참고영상 - [유튜브] 세바시 강연. '성공과 실패 대신 변화하는 삶으로'

② 『아몬드』의 모티프는 무엇인가?

작가는 2013년에 첫 아이를 낳고 태어난 지 며칠 안 되는 아기가 울고 웃는 모습을 보며 '인간이 느끼는 감정의 유래와 왜 인간은 감정을 느끼도록 만들어진 걸까' 하는 생각을 하게 되었다고 한다. 또한 아이가 자라면서 '자신이 원하는 모습이 아니더라도 아이를 사랑할 수 있을까' 하는 생각이 들었고 이 연장선에서 주인공인 윤재와 곤이를 탄생시켰다. 작가는 아기가 태어난 후 4개월이 되던 2013년 8월에 집필을 시작해 2017년에 책을 출간할 때까지 3년여 동안 작품에 대한 생각을 멈추지 않았다고 한다. 주인공 윤재가 가진 감정 표현 불능증이라는 설정은 인간이 자신이 지니고 태어난 결핍 요소를 이후에 스스로 어떻게 깨뜨려 나가면서 인간으로서의 자신을 완성하는지를 보여 주고 싶어서 만든 설정이라고 한다.

손원평 작가는 작품을 쓸 때 대체로 구상 단계에서 제목을 정해 두는데 그래야 제목을 중심으로 작품의 스토리가 결정되고 주제를 결정할 수 있기 때문이란다. 이 작품의 제목인 '아몬드'는 스토리를 구상하는 단계에서 작가가 감정을 관장하는 편도체의 존재를 알게 되고, 이에 대한 관련 검색어로 발견한 단어다. 아몬드라는 단어는 제목으로서도 의외성이 있고 귀엽지만, 윤재의 성격을 반영할 수도 있어 곧바로 결정했다고 한다.

주인공들의 연령대는 처음부터 의도적으로 설정한 것은 아니고, 태생적 환경과 성장 환경에 따라 달라지는 모습을 가장 잘 나타낼 수 있는 인물이 어린이와 어른 사이에서 변화의 가능성을 가진 청소년이어서 결정하게 되었다.

주인공 이외의 캐릭터들에 관해서는 몇 가지 탄생 비화가 있다. 우선 윤재의 할머니로 등장하는 할멈의 모델은 작가의 친할머니로, 체격, 피난민 출신으로 괄괄하고 유머러스한 성격 등을 반영했다. 윤재에게 이성에 대한 사랑의 감정을 일깨우는 도라라는 이름은 〈판타스틱 소녀 백서〉라는 영화에 나오는 도라 버치라는 할리우드 배우의 이름에서 따왔다. 이국적인 이름을 원했던 작가에게 이도라라는 이름이 적합해 보였고, 이 이름에서 '또라이'라는 의외의 성격적인 면도 연상하게 되었다고 한다.

▶ 참고영상 - [영화] 〈판타스틱 소녀 백서〉(2001)

(3) **알렉시티미아, 혹은 감정 표현 불능증은 무엇인가?**

알렉시티미아Alexithymia는 그리스어에서 유래한 단어로 영혼을 뜻하는 thym에 단어를 뜻하는 lexi, 없음을 뜻하는 접두어 a-가 붙어 만들어졌다. 정신분석가인 피터 시프너스가 1970년대에 처음 사용하기 시작했으며 신체화 장애의 기전을 연구하던 중에 도입된 개념이었다. 희귀한 병은 아니어서 한 연구에 따르면 인구의 10퍼센트 정도가 이 증상을 보인다고 한다.

원인으로는 유전이나 정신적 충격 같은 환경적인 요소, 뇌진탕과 같은 물리적인 충격 등을 들지만 현재까지도 확실한 원인으로 규정된 것은 없다. 여자에 비해 남자에게서 두 배 이상 이 증상이 나타나 일부 연구자들은 규범적 남성 알렉시스증이라고 부르기도 하며, 나이가 들수록 이 증상을 가진 사람들이 많다고 한다. 다른 질병들과도 연관이 깊어서 자폐증, 섭식장애, 우울증, 약물 남용, 대인 기피증 환자의 절반 이상에게서, 그리고 각종 인격장애를 가진 사람들에게서 이 병의 증상이 나타난다. 단순한 감정 이외에 복잡한 감정을 인식하는 능력이 부족하기 때문에 당연히 대인관계에서 문제를 일으키는 경우가 많다. 따라서 이 병을 가진 사람들은 피상적인 관계를 선호하며, 종속적이거나 비인간적인 모습으로 인간관계를 맺으려고 한다. 치료법 역시 아직 밝혀진 것은 없다.

생각훈련 독서법

① 작품의 구성

이 작품은 프롤로그, 1~4부, 에필로그로 구성되어 있다. 프롤로그와 에필로그는 주인공 선윤재의 현재 시점이고 1~4부는 윤재의 삶과 또 다른 주인공인 곤이와의 인연에 관해 윤재가 회상하는 내용이다. 열린 결말로 끝나 앞으로 두 사람의 인생이 비극이 될지, 희극이 될지는 알 수 없으나 적어도 두 사람 모두 과거의 삶에서 한 단계 뛰어넘었으므로 과거와는 다른 삶이 시작될 것은 분명해 보인다. 프롤로그와 에필로그에서 작가가 주로 다루려는 주제가 윤재 한 사람의 인생이 아니라 윤재와 곤이 두 사람의 인생이라는 것을 알 수 있으며 이는 책의 마지막에 달린 작가의 말에서 더 명확하게 확인할 수 있다.

② 작품에 등장하는 캐릭터

• 선윤재: 태어날 때부터 뇌 속의 편도체에 문제가 있어서 감정 표현 불능증을 앓고 있는 인물이다. 태어나고 얼마 안 있어 아버지가 사고로 사망하면서 엄마와 함께 살다가 어느 시점에 외할머니가 합

류해 세 식구가 된다. 감정을 잘 구분하거나 이해하지 못하지만, 그 때문에 오히려 다른 사람들의 감정과 행동을 세심하게 관찰하게 된다. 고등학교에 입학해 곤이와 도라를 만나면서 본격적인 성장, 즉 내적 변화가 시작된다.

• 곤이: 부유한 집에서 태어났으나 어릴 때 놀이터에서 놀다가 부모와 헤어지고 여러 가정에 입양되다 보호소에서 자라는 힘든 삶을 살게 된다. 이 과정에서 여리고 착한 마음에 크게 상처를 입고 세상과 사회에 대한 분노를 거침없이 표현하는 거친 사람으로 달라진다. 다시 친아버지를 만나 원래의 가정으로 돌아가지만 그리워하던 어머니가 없는 상황에서 아버지와는 아무런 소통 없이 살게 된다. 그런 상황에서 선윤재를 만나면서 그의 삶도 달라지게 된다.

• 윤재 엄마: 홀어머니 밑에서 평범하게 성장하지만, 고등학생 때 만난 남자와 사랑에 빠져 윤재를 임신하면서 집을 나간다. 결혼 직후 남편이 사고로 사망하고 감정 표현 불능증을 앓고 있는 윤재를 홀로 키우며 고생하다 결국에는 엄마에게 도움을 요청한다. 책을 좋아해 헌책방을 운영하며 소박하지만 행복하게 살아가다가 윤재의 생일에 외식을 하던 중 괴한의 둔기에 머리를 구타당해 식물인간이 된다. 하지만 작품의 마지막에 기적적으로 의식을 회복한다.

•윤재 할머니: 젊은 시절부터 온갖 행상 일로 외동딸인 윤재 엄마를 키운다. 덩치가 크고 호탕하며 유머러스한 인물로 윤재와 함께 살면서 딸을 도와 윤재의 교육과 양육을 돕는다. 겉으로는 윤재 엄마를 못마땅하게 여기는 것 같지만 사실은 딸과 손자인 윤재를 누구보다 아끼고 사랑한다. 윤재의 생일을 맞아 외식을 하러 나갔다가 괴한의 칼에 찔려 현장에서 사망한다.

•심 박사: 윤재 엄마가 운영하는 책방이 있는 건물의 주인이자 같은 건물의 2층에서 빵집을 운영하는 전직 외과의사다. 갑작스러운 심장 발작으로 죽은 아내를 살리지 못했다는 죄책감에 의사 일을 그만두고 아내를 추억하기 위해 빵을 만들어 판다. 윤재 엄마가 평소에 마음을 터놓고 고민을 이야기하던 상대로, 윤재 엄마가 깨어날 때까지 윤재를 물심양면으로 보살피고, 특히 윤재의 성장에 큰 도움을 주게 된다.

•윤 교수: 곤이의 아빠로 부유한 집안에서 태어나 대학교수를 하고 있다. 어릴 때 실종되었던 곤이를 우여곡절 끝에 찾아내지만, 자신이 원하던 아들의 모습과는 정반대인 곤이에게 마음을 열지 못하고 아내마저 곤이로 인해 병에 걸려 죽자 곤이에게 미움과 원망하는 마음을 갖고 있다. 마지막에서야 곤이를 위해 휴학계를 내고 헌

신하기로 마음먹는다.

• 이도라: 윤재와 같은 학교에 다니는 여학생으로 육상선수가 되는 것이 꿈인 인물이다. 부모의 반대로 자신의 꿈인 육상을 접어야 하는 어려운 시기에 윤재를 만난다. 윤재는 도라를 보고 이성으로 끌리게 되고, 도라 역시 윤재와 가까워지며 윤재의 막혀 있던 감정의 벽을 허무는 데 중요한 역할을 한다. 결국 자신의 꿈인 육상선수가 되기 위해 육상부가 있는 학교로 전학을 간다.

생각훈련 독서법

1. 윤재와 곤이 중 더 공감이 가는 인물은?

2. 등장인물 중에서 가장 호감이 가는 인물은?

3. 윤재나 곤이와 같은 인물을 만난 적이 있는가?

4. 가장 가슴이 아픈 에피소드는?

5. 가장 공감하거나 좋아하는 에피소드는?

6. 가장 가슴에 와닿았던 문구는?

1 **감정이 없이 사실만을 말하면 어떤 문제가 생길까?**

『아몬드』의 주인공 윤재는 스스로 감정을 잘 느끼지 못하고 타인의 감정을 잘 읽어 내지 못할 뿐 아니라 감정의 이름을 헷갈리는 증상, 즉 감정 표현 불능증을 가지고 있다. 이런 이유로 그는 어떤 상황에 대해 사실만을 나열함으로써 이상한 사람이라는 평가를 받는다. 그러나 윤재와 달리 대부분의 사람들은 상대방을 불쾌하게 하거나 상처 주지 않기 위해 솔직하게 말하지 않을 때가 많다. 그래서 우리의 소통은 겉과 속이 일치하지 않는 경우가 태반이지만, 이것을 예의와 고도의 사회화라고 돌려 말한다. 그럼에도 많은 사람이 사실만을 말한다면 어떻게 될까?

지금, 학교는 요즘 수업 시간에는 가끔 나쁜 의미의 선윤재가 등장한다. 일부 학생들이 교사들과의 기 싸움에서 이기려고 교사에게 대놓고 직설적인 말을 함으로써 교사들을 당황하게 만드는 것이다. 이 아이들이 하는 말은 "선생님, 잘 모르면서 설명하시는 것 같은데요.", "선생님, 왜 맨날 진도를 헷갈리세요?", "선생님, EBS보다 어렵게 가르치시는 것 같아요."처럼 학생 입장에서는 솔직한 발언이고 사실일 수도 있다.

문제는 이러한 발화에 의도와 맥락에 대한 고려, 그리고 대화에서 상대에 대한 배려가 보이지 않는다는 것이다. 또한 이렇게 얻은 감정적인 승리가 학생들에게 별다른 의미가 없는 즉흥적 행위의 산물이라는 점도 문제다. 인간관계는 사실뿐만 아니라 상대에 대한 이해와 공감이 더해지며 만들어지기 때문에 아이들의 이러한 건조한 도발은 따뜻하고 끈끈한 사제지간이라는 관계의 토대를 무미건조하게 바꿔 버린다. 바짝 마른 진흙 위에 세워진 집이 과연 얼마나 버틸 수 있을까?

인간은 고립되어 살아가지 못하는 동물이다. 그래서 우리는 관계를 맺고 사회를 이루어 살아간다. 내가 누군가와 관계를 형성하려면 그 안에 들어가 있는 사람의 마음을 헤아리고 다른 상황을 이해하고 감정에 공감할 수밖에 없다. 이것이 너무 힘들고 가끔은 우리를 피곤하게 해 관계를 깨는 일이 있겠지만, 결국 우리는 다시 관계로 되돌아간다. 어쩌면 삶은 이 주기의 반복일 것이다. 상대에 대한 이해를 보여 주는 최소한의 장치가 감정이고 감정을 갖게 하는 기본적인 재료가 사실이니, 사실만으로는 관계를 맺거나 유지하기는 불가능할 것이다.

② 사람의 환경은 성장 과정에서 얼마나 중요한 걸까?

『아몬드』의 두 주인공 윤재와 곤이는 결핍을 가졌다는 공통점이 있는 반면, 자라 온 환경은 판이하다. 윤재는 태어나면서부터 편도체 문제로 인해 감정 표현 능력에 결핍이 있긴 했으나 헌신적인 사랑을 보여 준 엄마와 할머니의 존재로 인해 비록 깨닫지 못했을망정 사랑이 충만한 환경에서 성장했다. 그러나 곤이는 어린 시절 부모와 떨어지면서 물리적으로나 정서적으로 극한의 환경에 내몰리면서 본래 자신이 지니고 있던 좋은 자질마저 크게 훼손되었다. 성인으로 자립하지 않은 두 사람, 즉 윤재의 타인에 대한 관심과 곤이의 타인에 대한 공격성은 그들이 자라 온 환경 이외에는 설명할 방법이 없어 보인다.

지금, 학교는 중년 이상이 되면 그 사람의 삶이 얼굴에 나타난다고 했던가. 그런데 놀랍게도 한창 피어나는 청소년인 우리 아이들의 얼굴에도 삶이 쓰여 있다. 고등학교에서 담임을 맡았던 때, 우리 반에 유난히 다크서클이 진한 아이가 있었다. 친구들이 판다라고 놀렸던 그 아이는 휴대폰 담당자여서 아침저녁으로 나와 마주쳤다. 성격도 좋고 쾌활하던 그 아이는 눈 밑 다크서클이 진해질수록 말수가 줄고 미소가 사라졌다. 평소 신고 다니는 신발이나 걸치는 옷이 고가의 브랜드여서 경제 사정에 대해서는 걱정하지 않았는데, 알

생각훈련 독서법

고 보니 얼마 전 아버지가 실직하신 후 늘 술에 취해 엄마와 다투신다는 이야기를 들었다.

아이들은 이렇게 해결해 주지 못하는 문제로 나를 미안하게 한다. 공감과 위로밖에 해 주지 못하는 나에게 감사하다는 인사를 꾸벅 하고 교실로 돌아간 그 아이를 보며 어른이라는 위치가 참 버겁게 느껴졌다. 아이의 어머니와 통화를 해 보니 아이가 생각하는 것만큼 어려운 상황은 아니었으나 어머니 역시 아이의 고통을 잘 몰랐고 많이 놀라셨다. 다행히 이후 아이는 옅은 미소를 지을 정도로 상황이 나아졌다. 아이가 성인이 되기 전에 속하는 세상에는 부모가 큰 자리를 차지한다. 그들의 세상을 온통 암흑으로 만들 권리가 우리에게는 없다. 우리는 적어도 아이에게 한 줄기 빛이 들어올 공간은 마련해 주어야 한다. 무조건.

가을에 길가에 서 있는 은행나무들도 햇빛을 더 많이 받는 부분에 더 선명하게 단풍이 든다. 그늘에서 자란 식물들은 대부분 빈약하고 자그마하다. 식물도 이렇게 환경의 영향을 받는다. 하나의 생명이 성인이 되어 가는 과정에는 적절한 빛과 수분이 필요하다. 환경이 절대적이지 않을 수는 있지만 특정 시기에는 절대적일 수 있다. 우리는 아이들의 빛이 되어 주고 있을까?

③ 포기해야만 하는 아이도 있을까?

　책에서 윤재의 감정 표현 불능증이 수면 위로 올라온 때는 불과 여섯 살 때였다. 홀로 윤재를 키우던 엄마는 자신의 형편에서 최선을 다했지만 윤재의 병을 고칠 수는 없었다. 그래도 사고를 당하기 전까지 최선을 다해 윤재가 사회의 구성원으로 섞일 수 있도록 교육을 시켰다. 남과는 너무나 다른 아이를 키우며 분명 포기하고 싶은 순간도 있었겠지만, 그녀는 포기하지 않았다. 그에 비하면 곤이의 아빠인 윤 교수는 곤이를 데려오기는 했으나 반쯤은 포기한 듯한 태도로 일관했다. 결국 곤이는 가출했고 비극적인 사건을 겪었다. 부모는 아이를 절대 포기할 수 없는 걸까? 조금은 포기할 수도 있지 않을까?

　지금, 학교는　포기라는 단어만큼 교사들을 고민에 빠지게 하는 단어는 없을 것 같다. 학교에는 유독 교사를 힘들게 하는 아이들이 항상 존재하기 때문이다. 신임 교사 시절의 이야기다. 고등학교에 발령받은 나는 2학년 아이들을 가르치게 되었다. 내가 가르치던 한 반에 유난히 나이가 들어 보이는 남학생이 있었다. 그 아이는 외모도 어른 같아 보였지만 눈빛과 말투가 특히 그랬다. 교사로서 내가 서툰 모습을 보이기라도 하면 껄렁거리며 다가와서 어깨를 툭툭 치며 힘내라고 말하는가 하면, 수업 시간에도 아랑곳하지 않고 들락

날락거리는 모습에 주의를 주면 나를 보고 윙크를 하기도 했다. 참을 수 없던 나는 마음을 굳게 먹고 그 아이를 상담실로 데려갔다. 왜 그런 행동을 하는지 묻자 여자 친구가 20대 중반이라서 젊은 여자 선생님들이 선생님같이 느껴지지 않고, 공부보다는 돈을 버는 일이 더 중요하다며 튀는 행동은 안 할 테니 걱정 말라고 말했다. 대화 이후에도 아이의 행동은 크게 달라지지 않았고, 어느덧 나는 의식적으로 그 아이에게 신경을 쓰지 않게 되었다. 새 학기가 되어 그 아이가 자퇴하고 학교를 떠났다는 소식을 들었다. 내가 포기하지 않고 그 아이에게 좀 더 다가갔었더라면 그 아이의 삶은 달라졌을까?

살다 보면 어쩔 수 없이 만난 막다른 골목에서 최후의 수단으로 포기라는 카드를 꺼내기도 한다. 모든 포기가 꼭 비난받아야 하는 것은 아니지만, 그럼에도 나의 포기로 인해 누군가의 삶의 행로가 바뀌어 버린다면 그것은 최선의 선택이 아닐 것이다. 더군다나 그 누군가가 우리의 아이들이라면 포기는 결코 우리의 선택 중 하나가 되어서는 안 될 것이다. 아이들은 삶은 계속되어야 하기 때문이다.

④ 사랑을 받기 위해서는 자격이 있어야 할까?

곤이는 어떤 마음으로 엄마의 장례식장에 갔을까? 엄마의 마지막 순간에 자신을 대신해서 다른 아이가 아들 노릇을 했다는 사실을 알았을 때 곤이는 무슨 생각을 했을까? 곤이의 마음을 헤아려 보면 왜 곤이가 처음에 그처럼 윤재를 미워했는지 짐작할 수 있다. 자신의 잘못이 아닌 사건으로 부모와 헤어져 당연히 받아야 할 사랑을 못 받고 자라난 곤이는 친아빠가 자신을 데려가기 전까지 내내 부모의 사랑을 그리워하며 살았을 것이다. 그리고 그렇게 사무치게 그리웠던 부모님을 다시 만나고도 사랑을 받기는커녕 자신에게 마음을 열어 주지도 않는 아빠를 보면서 자신을 격렬하게 비하했을지도 모른다. 정말 사랑을 주고받는 데에는 자격이 필요한 걸까?

지금, 학교는 이것은 교사인 나의 이야기다. 2020년 코로나로 인해 수업의 양이 두 배가 되었다. 동영상으로 수업을 제작하면서 동시에 줌으로 실시간 수업을 해야 했기 때문이다. 말을 많이 해서였는지 목이 많이 아팠고 결국 그해 10월 성대 수술을 하면서 처음으로 휴직을 하게 되었다. 6개월을 쉬고 복직했지만, 성대는 여전히 낫지 않아서 최대한 목을 아껴 가며 수업해야 했다. 아이들만 보면 신이 나서 수업을 하고 상담하던 나에게는 치명적인 일이었다.

이 때문에 의기소침해진 내가 어렵게 학교생활을 유지하고 있던 와중에 감동적인 일이 많이 일어났다. 선생님 목이 아프시니 먼저 조용히 하자고 하는 아이들부터, 목캔디에 정성스러운 손 편지를 붙여서 준 아이들, 작은 목소리를 들으려 다가와 귀를 기울여 주는 아이들, 쉬는 시간에 작은 메모지에 예쁘게 나를 그려서 준 아이들까지. 이 세상의 모든 순수한 사랑을 1년여간 듬뿍 받게 되었다. 아이들의 그런 행동과 마음에 나는 자주 울컥했고 교사로서의 나뿐 아니라 인간으로서 나 자신을 돌아보게 되었다. 내가 이런 사랑을 기꺼이 받아도 되는 걸까. 나는 이만한 자격이 있는 선생님인가. 내가 아이들에게 사랑을 줄 때는 조건과 제약이 없었지만 막상 내가 사랑을 받게 되자 스스로에게는 자격과 조건을 따지게 되었다. 그러자 사랑을 받는 사람의 자격은 중요하지 않다는 생각이 들었다. 나는 아이들을 사랑한다. 아이들은 나를 사랑한다. 어쩌면 이것만으로 우리는 서로 자격을 갖춘 셈이 아닐까.

곤이의 자격은 윤 교수가 사랑하기로 마음먹은 바로 그 순간부터 갖춰진 건 아닐까. 또한 사랑이란 주고 싶은 사람에게 주는 행위이므로, 나의 대상이 되는 순간 이미 주고받는 양자가 자격을 얻은 것이다. 그러므로 사랑의 대상이 되는 자격은 주고받음이 성사되는 그 순간에 자연스레 발생하는 것은 아닐까.

⑤ 결국 사랑이 가장 중요한 것일까?

『아몬드』의 결론에 드러난 주인공들의 행동을 중심으로 이 문제를 생각해 보자. 감정의 이해와 표현에 문제가 있었던 윤재는 곤이를 구하러 간 곳에서 곤이를 대신해 칼을 맞고 거의 죽음에 이를 만큼 심한 부상을 당하게 된다. 그곳까지 윤재가 갔던 이유는 무엇이었을까? 또한 윤재는 왜 곤이를 대신해서 칼을 맞은 것일까? 죽어 가는 상황에서 할머니의 마음을 생각하고 마음속에서 무언가 터져 버린 경험은 무엇이었을까? 그리고 곤이는 왜 철사 형이 시키는 대로 윤재를 찌르지 못했을까? 이 아이들이 이렇게 행동하고 느끼게 만든 동인은 무엇이었을까? 상대를 위한 희생과 그 희생에 감동하는 마음은 누군가 시키지 않아도 저절로 생겨난다. 누군가를 잘못된 길에서 구해 내고, 그 과정에서 내가 잘못될 수도 있다는 계산 따위는 전혀 없는 마음, 그 마음을 알고 진심으로 고마워하고 감동하는 마음. 사랑보다 더 큰 감정이 있다면 우리는 이러한 행동에 마땅히 그러한 단어를 붙여 주어 표현할 수 있을 것이나 그렇지 못하다면 주저 없이 사랑이라고 불러야 마땅하지 않을까.

지금, 학교는 중학교에 처음 부임하면서 만난 삐딱한 아이가 있었다. 그 아이는 매서운 눈으로 교사들을 바라보고, 담배를 피우고, 처벌받지 않을 정도의 작은 사고를 자주 치던 아이였다. 그렇지만 순간순간 눈빛에서 느껴지는 묘한 외로움은 나의 관심을 끌기에 충분했다. 나는 의도적으로 그 아이에게 시비도 걸고 장난도 치고, 때론 엄하게 혼을 내면서 어떻게든 그 아이의 상황을 파악하려고 애썼다. 급기야 반장 선거에도 나가도록 설득했는데, 아이는 반장으로 선출되었고 나와 더 많은 이야기를 나누게 되었다.

마음을 열 듯 열지 않아 속을 끓였던 시간, 뜻하지 않은 예쁜 행동으로 행복하기도 했던 1년이 끝나 갈 무렵, 아이는 나를 찾아와 자신이 더 삐뚤어지지 않게 잡아 주고 포기하지 않아 주어서 감사하다며 공손하게 허리를 숙여 인사했다. 그 순간 눈물이 핑 돌 만큼 감동받은 나는 아이의 손을 잡고 그렇게 생각해 준 네가 정말 예쁘다는 말과 함께 고민이 생기면 언제든 찾아오라는 말을 건넸다.

그 아이는 고등학교에 진학한 후에도 때때로 커피를 사 들고 찾아와 학교생활이나 친구 문제, 진로에 대한 고민을 털어놓기도 했다. 순하고 어른스러워진 그 아이의 얼굴을 보면 그 아이와의 뜨거웠던 한 해가 생각났다. 아이의 변화를 확신할 수는 없지만 그러나 적어도 한 가지만은 자신할 수 있다. 사람은 사랑받으면 자신을 사랑해 주는 사람이 원하는 모습이 되고 싶어 한다는 것을 말이다.

이솝 우화 중에 바람과 해님의 내기에 대한 이야기가 생각난다. 어린 시절의 나에게는 나그네가 옷을 스스로 벗게 만든 것이 무시무시한 바람이 아니라 방긋 웃는 해님이었다는 결론이 너무나 감동적이었다. 따뜻함은 몸과 마음을 녹여 준다. 물론 그렇게 되기까지는 상당한 시간이 필요하지만 말이다. 우리가 아이들에게 계속해서 볕을 내어 준다면 아이들의 마음은 따뜻해질 것이다. 반드시. 그러니 방긋 웃는 해님이 되어 아이들을 기다려 주는 것은 어떤가?

1 처음 구타 사건을 들었을 때는 시큰둥하던 구멍가게 주인이 피해자가 자신의 아이임을 알고는 왜 윤재를 원망했을까?

주인의 행동을 두 가지 이유로 생각해 보자. 먼저 어른들은 어린 아이들의 이야기를 진지하게 받아들이지 않는 경향이 있다. 게다가 그 이야기가 상황과 어울리지 않을 때, 즉 이 작품에서처럼 누군가 가 죽어 간다는 황당한 이야기라면 더더욱 윤재의 말을 가볍게 여겼을 수 있다. 두 번째는 자신의 잘못으로 아이를 잃어버렸다는 죄책감의 전가다. 어린 윤재는 사실을 전달했지만 이를 가볍게 여겨서 자신의 아이를 죽게 만들었다는 죄책감과 책임을 애꿎은 윤재에게 전가함으로써 그 상황을 조금이라도 모면하고 부정하고 싶은 본능적인 절망감에서 나온 행동일 확률이 높아 보인다.

2 윤재가 아이들이 던지는 이상한 질문에 곧이곧대로 답했을 때 왜 아이들은 배를 잡고 웃었던 걸까?

아이들은 일정 나이가 되면 사실대로 말해서는 안 될 것과 사실대로 말할 것을 구분하는 학습 능력이 생긴다. 이른바 사회화가 시작된 것이다. 따라서 이 두 가지를 구분하지 못하고 기계적으로 대답하는 윤재의 모습은 아이들에게 학습 능력이 부족한 아이, 어딘가 모자란 아이로 보였을 것이다. 물론 아이들의 미성숙함으로 인해 타인의 상황에 대한 이해와 배려, 공감 능력의 부족함에서도 이유를 찾을 수 있다.

③ 왜 윤재는 할머니의 장례식장에서 슬픔이나 외로움 등의 감정 대신 질문이 생겨난 걸까?

이때부터 윤재는 감정 표현 불능증을 가진 사람이 보이지 않는 증상, 즉 타인의 감정에 대한 의문을 품는데, 이것은 소설의 결론에 이르러 윤재가 변화할 것임을 보여 주는 복선이다.

④ 윤재는 피자집에서 곤이가 하는 언행을 그대로 따라 한다. 왜 그랬을까?

윤재는 이때까지 자신이 곤이에게 특별한 감정을 느끼고 있음을 알지 못했다. 그러나 윤재는 자신의 감정뿐 아니라 상대의 감정도 잘 구분하지 못하기 때문에 감정이 풍부한 곤이를 따라 함으로써 그의 감정을 알고 싶었던 것으로 보인다. 즉, 곤이의 생각을 따라가고 결국 곤이와 일체화가 되면서 곤이를 알고 싶어 하는 윤재의 마음을 표현한 장면이다.

〈톰보이〉(2011)

이 작품은 자신이 원하는 모습대로 살고 싶은 열 살 미카엘의 특별하고 비밀스러운 성장기를 보여 준다. 여자아이지만 남자가 되고 싶었던 미카엘이 결국 자신의 정체성을 잃지 않고 인생의 한 단계를 넘어가는 이야기에서 남과 다른 아이들에 대한 차별과 배제보다는 그들 자체를 인정하고 아름답게 받아들일 수 있다는 것을 배울 수 있다.

〈거짓말의 발명〉(2009)

『아몬드』에서 윤재는 사실만을 말하기 때문에 어려움을 겪는다. 이 영화의 배경은 거짓말이 없는 세상이다. 이 영화를 통해 솔직한 사실만을 말하는 세상이 갖는 맹점과 모순, 그리고 때로는 선의의 거짓말도 필요할 수 있다는 깨달음을 얻게 된다.

〈나의 판타스틱 데뷔작〉(2007)

『아몬드』에서 우리는 감정을 이해 못 하는 윤재가 감정이 풍부하지만 상처 많은 곤이와 서로의 빈 곳을 채워 주는 우정에 감동을 받는다. 이처럼 아이들은 스스럼없이 서로를 보완하며 성장해 나간다. 1980년대 영국의 한 마을이 배경인 이 영화에서도 외롭게 혼자 지내던 소년이 마을의 악동이던 다른 소년을 만나 둘만의 영화를 찍는 기발한 프로젝트를 진행하며 우정을 쌓는다. 윤재와 곤이처럼 영화에 등장하는 소년들의 우정도 순탄하지만은 않지만 둘은 결국 진정한 친구가 된다. 마음을 나눌 수 있는 친구의 소중함을 알게 해 주는 영화다.

세계를 건너 너에게 갈게	이꽃님
	참고도서 ǀ 문학동네, 2018년

엄마와 아빠는 태어날 때부터 그냥 엄마이고 아빠인 줄 알았다. 그런데 막상 나이가 들고 보니 예전의 나와 같은 눈으로 나를 올려다보는 아이들이 나를 둘러싸고 있다. 그제야 나는 전에 없던 시선으로 부모님을 바라보게 되었다. 부모님의 주름 사이로 청춘의 빛이 희미하게 서려 있음을 예전에는 미처 알지 못했다. 나의 시간을 좇느라 나란히 곁에서 흐르고 있던 그들의 시간에 눈길 한번 주지 못하고 살았다.

자식에게 부모란 무엇이든 내주어야 하는 완성된 어른이다. 학생들 역시 교사에게 이와 비슷한 기대를 내비친다. 그러나 어른들 역시 하루하루 어른이 되어 가는 것일 뿐 어른으로서 완성된 날은 하루도 없다. 아이들이 자라나듯 그들도 자라고 있다. 그렇기에 당연할지도 모를 그들의 부족함을 이해하고 위로해야 한다는 것을 우리 아이들이 생각해 보았으면 한다.

생각훈련 독서법

① 『세계를 건너 너에게 갈게』의 작가는 누구인가?

작가인 이꽃님은 1989년 울산에서 태어났다. 2010년 주변의 만류에도 광주대학교 문예창작과에 입학해 글쓰기를 직업으로 삼게 되었다. 작가는 2014년 『서울신문』 신춘문예 동화 부문에 『메두사의 후예』가 당선되면서 동화작가로 등단했다. 이 작품으로 제8회 문학동네 청소년문학상 대상을 받았다. 지금까지 쓴 작품으로는 『이름을 훔친 소년』(2015), 『악당이 사는 집』(2017). 『세계를 건너 너에게 갈게』(2018), 『귀신 고민 해결사』(2019), 『소녀를 위한 페미니즘』(공저, 2019), 『행운이 너에게 다가오는 중』(2020), 『죽이고 싶은 아이』(2021), 『B612의 샘』(공저, 2022)이 있다.

② 『세계를 건너 너에게 갈게』의 모티프는 무엇인가?

작가는 여러 인터뷰에서 집필 당시 가족에 대한 고민이 많아 이 생각을 담은 이야기를 쓰고 싶었다고 한다. 그러던 중 공원을 산책하다가 은유의 아빠가 딸에게 보낸 편지가 문득 떠올랐고 곧이어 은유에 대한 아이디어도 떠올라서 집필을 시작했다고 밝혔다. 가족

에 대한 고민과 생각이 많을 때의 작품이어서인지 작품 곳곳에서
등장인물의 입을 빌려 가족이 갖는 의미를 풀어놓았다.

③ 1980~1990년대의 대한민국은 어떤 모습이었나?

작품 속 은유의 엄마, 아빠는 1973년생으로 나온다. 책에는 그즈
음 태어나 1980년대와 1990년대에 10대와 20대를 보냈던 사람들이
어떤 일을 겪었는지, 2005년 이후 출생한 아이들이 몰랐던 그 시절
의 모습이 등장한다. 작품의 이해를 위해 은유 엄마의 편지에 적힌
내용을 정리해 보자. 학생들에게 의미 있는 시간 여행이 될 것이다.

| 1982년 |

• 국민학교: 은유 엄마가 열 살인 시절, 그녀는 자신을 진화국민
학교에 다닌다고 소개한다. 국민학교라는 명칭은 1941년부터
1995년까지 사용되었고, 1996년 3월 1일부터는 초등학교로 명
칭이 변경되었다.
• 야간 통행금지: 1945년 9월 7일부터 시행되었다가 1982년 1월 5
일 전두환 정부 시기에 해제되었다.
• 500원짜리 동전: 1982년 6월 12일부터 500원 지폐가 사라지고
500원짜리 동전이 최초로 발행되었다.

| 1984년 |

• 유리 겔라: 이스라엘 출신의 마술사. 숟가락을 구부리는 마술과 시계를 고장 내는 마술로 유명세를 누렸고 이런 인기를 발판으로 1984년에 방한해 각종 TV 프로그램에 출연했다. 그의 방송 출연 이후 전국에서 숟가락을 구부리거나 시계를 고장 내는 것이 대유행했다. 이후 그는 자신이 초능력을 쓰는 것이 아니라 마술에서 사용되는 트릭을 사용한다고 발표하기도 했다.

• 연탄: 1950년대부터 한국은 가정용 난방 연료로 연탄을 사용했다. 장작보다 편리하다는 이유로 연탄 사용은 폭발적으로 늘었다. 그러나 1960년대부터 1980년대까지 연탄가스 사고가 계속 늘어나고, 1990년대 LPG 가스와 기름보일러가 보편화되면서 사용량이 크게 줄었다.

• 연탄가스 중독과 동치미: 연탄가스를 마신 사람에게 처치한 민간요법. 과학적으로 입증된 효과는 없다. 책에서 은유 엄마가 언급하는 대목이 있다.

| 1988년 |

• 학력고사: 1981년부터 1992년까지 시행된 대학입시 제도. 1981~1986년까지는 먼저 학력고사를 본 후 점수에 따라 대학을 지원했고, 1987년부터는 원하는 대학을 전기와 후기에 먼저 한 곳

씩 지원한 후 지원한 학교에 가서 시험을 보았다. 지금의 수능은 1994년에 최초로 시행되었다.

• 대학가요제: MBC에서 매년 가을 주최하던 대학생 대상의 가요제로 1977~2012년까지 열렸다. 당시에는 가수가 되기 위한 주요 등용문 가운데 하나였다.

• 담다디: 1988년 MBC 강변가요제에서 대상을 받은 이상은의 노래. 이 곡은 중성적인 외모의 이상은과 신나는 율동에 반복적인 멜로디로 전 국민에게 큰 사랑을 받았다. 강변가요제는 7~8월경에 주로 열렸다.

| 1993년 |

• 별이 빛나는 밤에, 이문세: 1969년부터 지금까지 방송 중인 MBC의 라디오 프로그램. 이문세는 별밤지기로 1985~1996년까지 방송을 진행하며 폭발적인 인기를 자랑했다.

| 1995년 |

• 삐삐: 무선호출기를 가리키는 말로 영어로는 beeper, 즉 삐 소리를 내는 장치란 의미다. 수신만 되는 단방향 통신기기로, 손바닥만 한 크기에 최대 20자까지 숫자를 적을 수 있다. 메시지를 받으면 유선전화로 발신자에게 전화를 걸었다. 1990년대 중반에

는 사용자가 2,000만 명에 달할 만큼 누구나 사용했으나 휴대폰이 보편화되면서 지금은 일부 직종에서만 사용한다.

④ 타임 슬립, 혹은 시간 여행은 가능한가?

이 작품에서 빼놓을 수 없는 것은 어떻게 두 은유가 편지를 주고받을 수 있는가 하는 내용이다. 많은 영화에서 시간 여행을 접해 본 현대인들이라면 실현 여부와 상관없이 누구나 한 번쯤은 꿈꿔 본 시간 여행, 과연 가능할까? 결론부터 말하자면 이론적으로는 가능성이 있지만, 실현 여부는 요원하다.

시간 여행에는 타임 루프Time Loop, 타임 슬립Time, Slip, 타임 리프Time Leap의 세 종류가 있다. 타임 루프는 똑같은 시간대가 계속 반복되는 것이고, 타임 슬립은 시간을 거슬러 과거나 미래로 가는 것이다. 타임 리프는 주인공이 스스로 시간을 통제해서 원하는 시간대로 가는 것을 말한다. 이 작품은 타임 슬립과 관련되어 있다. 이론적으로는 빛의 속도 이상으로 날 수 있는 기계가 개발되고, 시공간을 휘어 그 사이에 생긴 웜홀을 통해 이동할 수 있지만, 현재의 기술로는 빛만큼 혹은 그보다 더 빠른 기계를 발명하는 일은 불가능하다. 따라서 타임 슬립의 개념은 상상만으로 가능하기에 많은 문학과 영화에서 자주 등장하는 소재다.

① 작품의 구성

과거와 현재에 사는 엄마와 딸이 시간을 넘어서 편지를 주고받는 구성이다. 1982년에 사는 엄마인 조은유가 2016년에 사는 딸 송은유가 쓴 편지에 답장하면서 작품이 시작되며, 처음에는 둘의 관계가 드러나지 않지만, 초반부터 여러 가지 복선이 등장해 독자들이 쉽게 그들의 관계를 짐작하게 한다. 독자들은 처음에는 단순히 과거와 현재에 사는 이름이 같은 두 사람이 기적적으로 편지를 주고받는 것에 매료되지만, 곧 현재에 사는 은유의 엄마 찾기로 플롯이 진행되면서 독자들은 딸인 은유의 엄마 찾기에 몰입하며 작품을 읽게 된다. 작품 곳곳에 유머가 녹아 있어 보는 내내 지루하지 않고, 가족 간의 갈등 해소 과정은 공감과 감동을 더한다.

② 작품에 등장하는 캐릭터

• 조은유/엄마: 열 살로 등장하여 성장을 볼 수 없었던 딸 은유와 편지를 교환한다. 은유의 아빠 찾기에 나서다가 결국 아빠와 사랑에 빠져 은유를 임신하지만, 암에 걸려 딸이 태어나던 날 사망한다.

• 송은유/딸: 열다섯 살의 나이로 등장한다. 아빠의 권유로 쓰게 된 편지로 엄마인 은유와 교류하게 된다. 마지막 편지까지 그녀가 자신의 엄마인 것을 알지 못한 채 작품은 열린 결말로 끝난다. 자신의 생일을 챙겨 주지 않고 자신과 거리를 두며 사는 아빠 때문에 고통받고 외로워 하지만 결국 아빠의 마음을 이해하게 된다.

• 송현철/아빠: 대학교 시절에 자신을 쫓아다니던 조은유와 친해지며 사랑에 빠지고 결국 그녀와 결혼해 은유를 낳는다. 그러나 아내가 암에 걸린 채 임신한 사실을 몰랐다는 죄책감과 고통 때문에 그녀가 죽던 날 태어난 딸을 멀리서만 바라보며 생일을 챙겨 주지 못한다. 그러다 딸이 16세가 되었을 때 자신의 마음을 적은 편지를 딸에게 보내며 그동안 숨겨 두었던 이야기를 털어놓는다.

• 정다정/새엄마: 아빠인 송현철과 엄마인 은유의 대학 시절 친구이며 현재 경찰이다. 대학 시절에는 얌전하고 예쁜 외모였다고 묘사되나 현재는 털털하고 직설적인 말을 하는 사람이며 조만간 아빠인 송현철과 재혼할 예정이다. 친구의 딸인 송은유와 성격 면에서 잘 맞기 때문에 열린 결말이긴 하나 앞으로 딸 은유와 잘 지낼 것으로 암시되고 있다.

1. 엄마와 딸의 성격 중 공통점은 무엇일까?

2. 아빠는 호감 가는 캐릭터인가?

3. 새엄마는 호감 가는 캐릭터인가?

4. 가장 재미있었던 에피소드는 무엇이었나?

5. 가장 공감이 갔던 에피소드는 무엇이었나?

6. 가장 공감이 가지 않았던 에피소드는 무엇이었나?

7. 주변에 은유 같은 상황의 친구가 있는가?

① **나는 엄마와 아빠에 대해서 얼마나 알고 있을까?**

작품 속 은유는 과거에 사는 엄마와 연락이 되기 전까지는 아빠에 대해 전혀 아는 바가 없었다. 그저 자신과 거리를 두고 사는 아빠를 원망하고 때로는 미워하며 분노와 불만에 가득 차 있었다. 물론 이 점에서는 아빠의 책임 역시 크다.

오랜 시간 함께 살며 피를 나눈 가족이라고 해서 서로에 대해 잘 알고 이해할 수 있는 것은 아니다. 때로는 가족이기 때문에 당연히 주고받아야 하는 관심이 소홀해지기 쉽다. 그래서 가장 가깝지만 그렇기 때문에 가장 멀어지기도 쉬운 것이 가족이다. 그렇다면 나는 나의 부모님에 대해 얼마나 알고 있는 걸까?

지금, 학교는 중·고등학교에 다니는 아이들이 겪는 대표적인 세 가지 문제가 있다. 학업, 친구, 부모님과의 문제가 그것이다. 이 중 교사가 가장 도움을 주기 어려운 부분은 부모님과의 문제다.

엄마와 둘이 살던 아이가 있었다. 착하고 조용했던 그 아이는 늘 창백하고 힘없는 모습으로 학교에 다녔다. 어느 날 집안에 일이 생겼다며 며칠 동안 학교에 오지 않다가 오랜만에 아주 안 좋은 얼굴로 등교했다. 문제는 아이가 부모님의 이혼에 얽힌 일을 뒤늦게 알게 된 것이었다. 아이는 여태껏 부모님의 이혼이 아빠의 잘못이었다고 알고 있었다. 그러다 며칠 전 오랜만에 만난 아빠를 통해 엄마의 알코올의존증, 과소비로 인한 카드 빚, 바람을 피운 전력 등으로 이혼했다는 이야기를 듣게 되었다고 한다. 그동안 아빠를 원망하며 연락도 거의 두절하다시피 지냈던 터라 아이에게는 이 사실이 너무나 충격적이었다. 한편으로는 자신이 부모님을 모르고 누구도 믿을 수 없다는 생각에 살고 싶지 않을 만큼 절망감이 들었다고 했다. 가족과는 함께 있을 수 없어 사정을 아는 친구 집에서 며칠간 머물면서 계속 울었다는 아이에게 나는 아무 말도 해 주지 못했다.

보이는 것이 다는 아니다. 곁에 있다고 해서 마음이 나란한 것도 아니다. 관계는 결국 믿음의 문제인데 믿음은 들이는 시간과 노력에 비례한다. 당연하게 주어지는 것은 아무것도 없다. 가족도 마찬가지다. 예외가 되어서는 안 된다.

② 부모님은 항상 나에게 만족할까?

조은유는 엄마가 언니와 자신을 심하게 비교하며 차별했고 그 때문에 본인은 항상 비참하고 괴로웠다고 토로한 적이 있다. 공부뿐만 아니라 무엇이든지 잘하는 예쁜 언니에 비해 자신은 관심 밖의 존재라고 느꼈다는 것이다. 형제자매가 여럿인 경우에 흔히 들리는 차별 대우의 이야기는 바꿔 말하면 부모의 입장에서도 만족하지 못하는 자녀가 있다는 것처럼 이해될 수도 있다. 나는 어떨까? 부모님에게 어떤 자녀로 생각될까?

지금, 학교는 중학생들이 고등학생들과 눈에 띄게 다른 점 중 하나는 교사에게 사랑받고 싶어서 적극적으로 다가온다는 것이다. 그렇게 열심히 찾아오다가도 교사의 반응이 기대에 못 미치면 언제 그랬냐는 듯이 돌아선다. 많은 아이를 고루 사랑해 주고 싶지만 아이가 워낙 많다 보니 정이 가거나 손이 많이 가는 아이는 따로 있기 마련이다. 그러나 만일 누군가 교사에게 아이들에 대한 만족도에 근거해서 아이들을 사랑하느냐고 묻는다면 그 어떤 교사도 단연코 아니라고 대답할 것이다. 그럼에도 아이들은 순간순간 자신들의 느낌과 감정에 따라 차별받는다고 생각하고 마음의 문을 닫아 버린다. 아이들의 행동으로 교사의 반응이 달라지는 것은 한순간일 뿐이다. 아이들은 우리에게 만족을 주기 위해 존재하지 않는다. 사랑을 받기 위해 존재할 뿐이다. 교사도 이러한데 부모의 마음은 더하지 않을까? 나의 자식이라는 것만으로 이미 필요충분조건 아닐까?

부모와 교사는 내리사랑의 운명을 안고 살아간다. 그 운명에 만족하는지는 사람마다 다를 수 있으나 그 운명 안에 존재하는 아이들을 향한 마음은 한결같다. 그러니 우리의 아이들은 부모나 교사의 순간적인 반응에 실망할망정 절망은 하지 않길 진심으로 바란다.

③ 과거로 시간 여행을 할 수 있다면 나는 부모님과 친구가 되고 싶었을까?

작품에서 모녀는 기적처럼 시간을 넘어서 소통하게 된다. 계속되는 소통으로 서로의 상황을 알고 이해하고 공감하면서 친자매 같은 관계를 형성한다. 두 사람은 편지를 주고받는 과정에서는 서로가 실제로 어떤 관계인지 알지 못했다. 만일 과거로 시간 여행을 할 수 있다면 우리는 부모님과 친구가 되고 싶었을까? 혹은 되고 싶지 않았을까?

지금, 학교는 가끔 교사인 나조차 친구로 삼고 싶을 만큼 생각이나 행동이 멋진 아이들이 있다. 그래서 반대로 아이들에게 내가 너희와 같은 학교에 다닌다면 친구를 하고 싶냐는 질문을 던져 봤다. 예상대로 다들 눈치를 보며 듣기 좋은 대답들을 쏟아 내는 와중에 하필이면 내가 멋있다고 생각하던 아이가 나와 친구가 되고 싶지는 않다고 했다. 멋있지 않은가? 그 대답에 그 녀석과 더욱 친구가 되고 싶어졌다. 아이의 이유는 단순하지만 명료했다. 교사로서 나의 카리스마와 영향력을 근거로 보았을 때 어린 시절의 성격 역시 자신과는 맞지 않으리라는 것이었다. 나는 순간 정말로 거절당한 느낌이 들었으나 그 친구의 의견을 수긍하고 웃어넘겼다.

어쩌면 우리 아이들은 자신의 부모님과도 이런저런 이유로 친구가 될 수 없을지도 모른다. 부모와 자식 혹은 교사와 제자라는 더없는 인연이 아니었다면 가까이할 수 없을지도 모를 아이들. 그래서 지금 여기에서 만나게 된 이들과의 인연은 더없이 소중하다.

나는 우리 아이들과 친구가 되고 싶다. 그러나 시간 여행을 할 수 없기에 나에게 주어진 현재라는 시간에서 친구 같은 선생님이 되어 주려고 노력한다. 때로는 우리 아이들도 부모님이나 선생님 안의 어린이를 발견할 수 있기를 바란다. 가끔 그 어린이에게도 다가와 손을 내밀어 주는 친구가 필요하기 때문이다.

④ 과거로 시간 여행을 할 수 있다면 바꾸고 싶은 것이 있나?

작품 속 두 은유는 미래를 이용해 과거를 바꾸려고 나름대로 계획을 세운다. 엄마의 학력고사를 위해 기출문제와 정답을 알아내려고 노력하는가 하면, 제1회 로또의 번호를 알려 주겠다고 말하기도 한다. 또한 아빠가 데이트하는 여자가 마음에 안 든다며 데이트를 방해하기도 한다. 물론 이 중 어떤 시도도 성공하지 못했지만 말이다. 만일 우리가 과거로 시간 여행을 할 수 있어서 무언가를 바꿀 수 있다면 무엇을 바꿀까? 과거의 무언가를 바꾼다면 내가 지금 짊어지고 있는 짐이 가벼워질 수 있을까?

지금, 학교는 신임 교사 때의 일이다. 신규 발령이어서 처음에는 비담임으로 배정되었다가 개학 전날에야 담임으로 바뀌었다. 학교 측에서는 아무도 이 학급을 맡으려고 하지 않아서 결국 나에게 배정되었다며 양해를 구했다. 한 학기를 채 보내기도 전에 나는 그 이유를 알게 되었다. 이 학급은 상습 흡연자, 학교 폭력과 왕따, 가출, 심지어 성 관련 사건까지 발생해 나를 힘들게 했다. 원래 비담임으로 맡았던 업무까지 처리하느라 신규 교사 1년을 지옥처럼 보내야만 했다. 낯선 데다가 과중한 업무를 처리하느라 매일 야근을 하다 보니 학급에는 점차 소홀해졌고 어떻게 보냈는지 기억도 안 나는 상태로 첫해를 힘겹게 넘겼다.

그 거칠었던 최악의 해를 떠올릴 때마다 너무나 많은 후회와 자괴감이 지금까지도 나를 괴롭힌다. 만일 내가 현재의 경험과 여유를 가지고 시간 여행을 할 수 있다면 당시의 아이들에게 좀 더 좋은 담임교사가 될 수 있을까? 그 아이들에게 그때는 못 해 주었던 것들을 해 줄 수 있지는 않을까? 내가 겪어 낸 그 시간이 현재의 나를 있게 했지만 그럼에도 여전히 아주 가끔은 시간 여행을 갈구한다. 그 시절로 돌아가 나와 우리 아이들을 토닥여 주고 싶다.

결국 현재의 짐은 현재에 남아 있다. 설령 과거로 돌아가 지금의 짐을 치워 버린다고 해도 여전히 나에게는 또 다른 짐이 쌓일 것이다. 현재를 성찰하게 해 주는 거울로서의 시간 여행이라면 어쩌면 지금도 가능하지 않을까? 내가 남긴 글, 사진, 곁에 머무는 사람들이 지닌 기억은 현재에 머물면서도 시간 여행을 가능하게 해 주는 것들이다. 덧없이 지나가는 시간에 대한 기록, 이것만이 현재의 우리가 움켜쥐고 있는 유일한 티켓일지 모른다.

⑤ 내가 나의 부모님의 부모라면, 나는 그들에게 어떤 부모가 되어 주고 싶나?

이 작품은 딸이 엄마의 어린 시절과 맞닿아 펼쳐지는 이야기다. 만일 어느 날 문득 우리가 엄마나 아빠의 부모가 된다면 어떨지 생각해 보자. 나는 그들에게 어떤 엄마 혹은 아빠가 될까? 나는 어떤 부모가 되어 있을까?

지금, 학교는 언젠가 아이들과 재미있는 놀이를 한 적이 있었다. 학급 회의 시간에 나 대신 담임 역할을 해 보라고 한 것이다. 용감하게 나선 몇 명의 아이들은 장난 반, 진심 반으로 자신이 담임인 양 행동했다. 누군가는 나의 흉내를 그대로 내는가 하면, 또 어떤 아이는 내가 정한 학급 운영 규칙을 뒤집는 규칙을 발표하기도 했다. 그중 한 명은 특히 깊은 감동을 주었다.

그 아이는 정말 교사가 된 듯이 아이들의 고충에 공감해 주면서도 담임 선생님의 어려움을 설명하며 상호이해를 강조했다. 듣고 있던 아이들은 진지하게 그 아이의 말을 경청했고 뒤에서 바라보던 나 역시 아이들이 저렇게 깊게 생각할 수 있구나 싶어 새삼 놀랐다. 내가 미처 구석까지 살피지 못했던 아이들의 세상이 학생의 높이에서 비로소 발견된 것이다. 가끔은 이렇게 아이들 안에 숨어 있던 어른을 발견한다. 그 어른은 나를 늘 겸허하게 만든다.

나의 부모가 이 세상에서 최고일 리는 없다. 그럼에도 그들은 저마다 최선을 다해 처음 해 보는 부모라는 역할을 해내고 있다. 어느 날 그들의 부족함이 보이고 불완전함이 드러난다면 어쩌면 그때는 아이들이 그 부분을 채워 주어야 하는 순간일지 모른다. 내가 부모라고 해도 언젠가는 그런 순간이 반드시 오기 때문이다.

① 은유는 왜 가출을 하려고 했을까?

표면적인 이유는 아빠의 재혼에서 찾을 수 있다. 아빠의 느닷없는 재혼을 은유가 반대했지만, 아빠가 결혼을 강행하며 여자 친구를 데리고 왔기 때문이다. 하지만 작품이 진행될수록 은유가 드러내는 속마음을 통해 아빠와의 소통 부재로 은유가 심하게 고통받고 있으며 특히 죽은 엄마에 대해 아무런 정보를 얻지 못하는 상황에서 아빠가 새로운 사람을 만나 달라져 가는 모습에서 박탈감과 배신감, 외로움을 느꼈기 때문임을 알 수 있다.

② 과거의 은유와 현재의 은유가 서로에게 진심으로 다가가기 시작한 이유는 무엇일까?

처음 편지가 시작되었을 때는 과거의 은유가 현재의 은유보다 어리지만, 훨씬 빠르게 진행되는 과거의 시간으로 인해 어느새 둘은 비슷한 나이가 되고, 이때부터 또래로서 자신들에게 생긴 일상적 고민이나 가슴속에 깊게 묻어 두었던 상처를 이야기하게 된다. 즉, 서로 다른 사람에게는 하지 못하는 이야기들을 숨김없이 할 수 있는 존재가 되어 줌으로써 둘 사이에 진정한 유대가 생기기 시작한 것이다.

③ 은유의 아빠는 은유에게 좀 더 다정하게 대할 순 없었을까?

마지막 부분에 은유에게 쓴 아빠의 편지에서 그동안 은유에게 다가가지 못한 아빠의 마음이 나온다. 너무나 사랑했던 아내를 잃어가던 자신의 슬픔과 절망, 딸을 선택하고 자신의 삶을 희생한 아내의 결정에 대한 원망, 아내에 대한 기억 때문에 아내를 닮고 아내의 이름을 가진 은유에게 다가가지 못한 자신의 못난 결정, 그리고 혹시나 딸마저 잃을까 두려워했던 자신의 어리석음까지. 그러나 한편으로는 자신이 마음의 문을 닫음으로써 은유가 감당했어야 했던 외로움과 소외감에 대한 진심 어린 미안함도 담겨 있다. 그러나 이것은 아빠의 관점으로 자신의 행동에 대해 설명하는 것이고, 자신의 그런 행동으로 인해 야기된 은유의 고통을 상쇄해 줄 수 없는 것은 분명한 사실이기도 하다. 아빠가 아내를 잃고 다시 일어설 때까지 시간이 필요했던 것은 이해가 가지만, 은유의 상처는 정당화되지 못하는 것 같아 안타깝다. 아빠는 좀 더 빨리 은유에게 손을 내밀었어야 하지 않았을까. 사랑은 말없이 바라보는 것뿐 아니라 상대에게 나의 바라봄을 알려 주는 것까지 이어져야 하기 때문이다.

4 은유는 왜 새엄마가 될 정다정을 싫어했던 걸까?

무엇보다 툭툭 직설적으로 내뱉는 말투, 지나치게 자신 있어 하는 태도 등 현재의 정다정이 지닌 특성이 은유의 마음을 건드렸을 것이다. 그러나 작품을 읽다 보면 이 역시 결국에는 아빠로 인한 박탈감과 소외, 외로움, 엄마를 알고 싶다는 열망에서 비롯된 성급하고 왜곡된 마음이었음이 드러나며 은유는 정다정에게 서서히 마음을 열게 된다. 또한, 은유가 아직 엄마의 정체를 모르는 상황에서 아빠가 성급하게 은유에게 영원히 엄마라는 존재를 감추고 그 자리에 누군가를 앉히려 한다는 배신감도 작용했을 것이다.

5 은유를 지키고자 자신을 희생한 엄마의 결정에 대해서 어떻게 생각하는가?

책의 마지막에 있는 엄마의 편지를 보면, 이미 엄마는 자신의 딸인 은유를 시간을 뛰어넘어 만나 왔기 때문에 엄연히 살아 숨 쉬며 자신의 삶을 살아가는 딸의 인생을 없애 버릴 수는 없었을 것이다. 게다가 이미 암에 걸려 살아남을 수 있다는 확신이 없는 상황에서 자신의 생명을 조금 더 연장하기 위해 은유의 존재를 희생시킬 수도 없었다. 시간을 뛰어넘어 은유를 만난 기적을 이미 경험했으니, 죽음도 뛰어넘어 은유를 지켜 줄 수 있다고 믿었을 것이다.

〈응답하라 1988〉(2015)

방영 당시 전 국민에게 사랑받은 TV 시리즈로, 1973년생인 은유 엄마와 은유 아빠의 학창 시절을 가장 잘 알 수 있는 작품이다. 이 작품은 1988년 당시 고등학생이었던 주인공들의 생활과 고민, 다양한 가족의 모습을 보여 줌으로써 가족에 대해 생각해 볼 수 있게 해 준다.

〈백 투 더 퓨처〉(1985)

시간 여행 하면 첫 번째로 꼽는 전설적인 미국영화다. 여기 소개하는 작품은 '백 투 더 퓨처' 시리즈의 첫 번째 작품인데, 이 작품에서 주인공인 마티는 과거로 돌아가서 자신의 부모님과 만난다. 이 영화에 나오는 타임머신으로 인해 이후 많은 영화에서 타임머신이 등장하게 되었다.

〈프리퀀시〉(2000)

이 영화 역시 시간 여행을 소재로 하는 영화 중에서 손꼽히는 작품이며, 한국 드라마인 〈시그널〉을 비롯해 많은 파생작을 낳았다. 영화는 우연히 도시에 생긴 북극광으로 인해 과거에 화재로 사망한 아버지와 주인공이 무선 라디오로 연결되면서 벌어지는 내용을 다루고 있다. 이 영화에서는 과거를 바꿈으로써 현재도 달라진다는 설정이 등장한다.

〈사랑의 블랙홀〉(1993)

이 영화 역시 시간 여행을 언급할 때 빠지지 않는 유명한 작품이다. 이 작품에 나오는 시간 여행은 타임 루프로써 주인공은 무한히 많은 똑같은 하루를 반복한다. 이 영화를 이용해 아이들과 독서 수업을 한다면 "내가 무한히 반복되는 하루를 살아야 한다면 어떤 날로 정하고 싶니?"와 같은 질문을 던져 볼 수 있다.

페인트	이희영	
	참고도서	창비, 2019년

교사가 된 첫해, 우리 반에는 유난히 반항적인 기질의 한 여학생이 있었다. 아이는 나에게 선생님을 담임으로 택한 적이 없다며 도발하듯 말했고, 나 역시 너희들을 담임 반으로 선택한 적이 없다며 팽팽하게 맞섰다. 이런 우리의 대치는 결국 한 해가 다 가도록 거리를 좁히지 못한 채로 끝나고 말았다.

삶이라는 여정은 우리를 선택의 주체에 놓기도 하고 객체의 자리에 놓기도 한다. 내 인생의 주체는 나인데도 모든 선택을 뜻대로 할 수는 없다. 나의 경험처럼 학교에서는 담임과 담임 반, 교과담임과 교과담임 반이 그렇고, 가정에서는 가족 관계가 그렇다. 이렇게 선택된 이후, 우리의 삶은 운에 맡겨진다. 운이 좋다면 남보다 행복하게, 운이 나쁘다면 남보다 불행하게 사는 것이다. 이번 작품에서 우리의 삶에 놓인 선택이라는 문제에 대해 생각해 보기로 하자.

생각훈련 독서법

① 『페인트』의 작가는 누구인가?

작가 이희영은 경기도에서 태어나 일본에서 대학을 다녔다. 일러스트를 전공했으나 적성에 맞지 않아 포기하고 대신 다양한 아르바이트를 경험하며 인생을 공부했다. 대학 졸업 후에는 몇 년간 호주에서 살며 여유로운 삶에 대해 배웠다. 한국으로 돌아와 평범하게 직장 생활을 하다가 단편소설 〈사람이 살고 있습니다〉로 2013년 제1회 김승옥문학상 신인상 대상을 수상하며 본격적인 작품 활동을 시작했다. 이후 2014년 제10회 5·18문학상 소설 부문, 2015년 제3회 등대문학상 최우수상, 2016년 KB창작동화제 우수상, 2018년 『페인트』로 제12회 창비 청소년문학상을, 같은 해 〈너는 누구니〉로 제1회 브릿G 로맨스릴러 공모전 대상을 수상했고, 2021년에는 『나나』, 2022년에는 『챌린지 블루』를 출간했다.

작가는 그동안의 모든 실패와 방황이 글을 쓰도록 도와준 훌륭한 스승이라 말하며 자신의 첫 장편 청소년 소설 『썸머썸머 베케이션』을 통해 이 시대의 청소년들에게 괜찮다고, 잘하고 있다고, 너는 충분히 아름답다는 메시지를 전한다. 그리고 앞으로도 오랫동안 청소년들의 이야기에 귀를 기울이고 싶다고 한다.

▶ 참고 – 살림출판사 홈페이지

② 한국의 입양 상황은 어떤가?

아동복지법 제3조 제4호에 따르면 보호 대상 아동이란 '보호자가 없거나 보호자로부터 이탈된 아동 또는 보호자가 아동을 학대하는 경우 등 그 보호자가 아동을 양육하기에 적당하지 아니하거나 양육할 능력이 없는 경우의 아동'을 말한다. 2021년까지 국내외 입양 추이를 살펴보면 총 249,635명이 국내외로 입양되었고 이후 코로나19와 출산율 저하 등으로 크게 감소했다. 국내 입양의 경우에 여아의 비중이 65.5퍼센트로 남아에 비해 크게 높았으며, 연령별로는 3개월~1세 미만 아동이 53.6퍼센트로 가장 많이 나타났다. 국외 입양은 남아 비중이 70.4퍼센트로 더 높고, 연령별로는 1~3세 미만이 전체의 97.9퍼센트를 차지한다.

정부에서는 입양이 제2의 출산이라는 사회적 인식을 높이기 위해 공무원 입양 휴가제를 시행하고 있으며, 입양 비용, 입양 아동 양육수당 지원, 입양특례법 개정, 입양 아동 양육수당 대상 확대, 입양축하금 신설 등으로 입양을 장려하고 있다.

▶ 출처 – e-나라지표 홈페이지

③ 입양 절차는 어떻게 되나?

국내에서 아이를 입양하기 위한 자격 요건은 다음과 같다.

- 25세 이상이며 아동과의 연령 차이가 60세 미만
- 양자를 부양하기에 충분한 재산이 있을 것
- 양자가 될 아동의 복리에 반하는 직업이나 그 밖에 인권침해의 우려가 있는 직업에 종사하면 안 됨
- 양자에 대하여 종교의 자유를 인정하고 사회의 구성원으로서 그에 상응하는 양육과 교육을 할 수 있어야 함
- 아동학대, 가정폭력, 성폭력, 마약 등의 범죄나 알코올 등 약물중독의 경력이 없어야 함
- 입양의 성립 전에 입양 기관 등으로부터 보건복지부령으로 정하는 소정의 교육을 마쳐야 함

대개는 ①입양 신청 및 서류 접수 → ②양친 가정조사 → ③양친 가정조사서 발급 → ④결연 → ⑤가정법원에 입양 서류 제출 → ⑥입양의 허가 → ⑦입양 & 아동의 인도 → ⑧입양 신고 → ⑨사후 관리의 9단계를 거쳐야 한다.

▶ 출처 - 아동권리보장원 홈페이지

생각의 틀 만들기: 테두리 구성하기

① 작품의 구성

이 작품은 주인공인 제누301이 바라보는 1인칭 시점의 소설이다. 작품의 시대적 배경은 현재에서 머지않은 미래로 설정되어 있는데 정확한 시대는 명시되어 있지 않다. 열한 개의 소제목으로 나뉘어 있으며, 제누301의 관점에서 NC센터와 다른 주인공들인 아키와 가디 박에 대한 설명, 자신이 생각하는 부모에 대한 견해와 이해를 묘사하며 작가가 생각하는 자식과 부모의 정의, 어른이란 무엇인지, 아이와 성인의 책임 범위 등에 대해 풀어놓는다.

② 작품에 나오는 주요 용어

이 작품의 배경이 되는 가상 세계를 제대로 파악하기 위해서는 몇 가지 용어에 대한 이해가 필요하다. 작품의 이해를 돕기 위해 주요 용어를 간추려 보았다.

• 페인트 Parent's Interview: 부모 면접이라는 의미로 센터의 아이들이 영어 단어의 앞 글자를 줄여서 부르는 명칭이다. 1~3차까지 진행되며

열세 살부터 페인트가 가능하다. 작가는 이 단어를 페인트paint라는 단어와 함께 중의적으로 사용하여, 자신이 생각하는 주제인 '자신의 미래를 원하는 색깔로 물들인다, 생판 남인 양부모와 양자녀들이 서로에게 물들어 전보다 밝게 빛나는 새로운 색을 만들다'라는 의미를 더했다.

• NC센터Nation's Children Center: 친부모가 아이를 원하지 않을 때 정부에서 대신 아이를 키우기 위해 만든 기관이다. 남북한이 사실상 종전을 선포하면서 국방비에 들어가던 예산을 투입해 만들었고, 양부모에게는 양육수당과 연금을 혜택으로 지급한다. 열아홉 살 이후에는 양육 여부와 상관없이 센터를 떠나야 한다. 한국 전역에 퍼져 있는데 퍼스트 센터(신생아~미취학 아동 대상), 세컨드 센터(초등학교 입학 후~열두 살 대상), 라스트 센터(열세 살~열아홉 살 대상)의 세 종류로 나뉜다. 센터는 다시 여자아이들이 거주하는 센터 G(Girl)와 남자아이들이 거주하는 센터 B(Boy)로 나뉘며, 각 센터에는 센터장과 아이들을 관리하는 가디언(가디)이 있다.

• 프리 포스터Pre Foster: 영어 의미 그대로 양육 전 상태의 예비 양부모들을 일컫는 단어다. 이 단계의 예비 양부모들은 NC센터의 심사 기준에 따라 선정되며, 페인트 이후 아이들의 의견에 따라 최종적으

로 양부모 여부가 결정된다.

• 가디언(가디): 센터에서 아이들을 통솔하고 보호자 역할을 하는 사람들로 아이들은 줄여서 가디라고 부르며, 호칭은 보통 성으로만 부른다. 이 작품에는 박, 최, 황 세 명의 가디가 등장한다.

• 아이들 이름: 영어의 열두 달에서 유래한다. 센터에 입소한 달을 기준으로 1월이면 제누(남)/제니(여), 6월이면 준/주니, 7월이면 주노/줄리, 10월은 아키/알리, 11월은 노아/리사 등이다. 이름 뒤에는 주민등록번호와 같은 고유 번호가 붙는다.

• 홀로그램hologram: 작품에서 빈번하게 등장하는 홀로그램이란 단어는 '완전한'을 의미하는 그리스어 holos와 '메시지'를 의미하는 gram의 합성어다. SF 영화에 자주 등장하는 이 기술은 두 개의 레이저광이 만나 일으키는 빛의 간섭 효과를 이용하여 사진용 필름과 유사한 표면에 3차원 이미지, 즉 입체적인 이미지를 재현하는 총체적인 기술이다. 작품의 배경이 미래라는 점을 살리기 위해 사용된 걸로 보인다.

작품에 등장하는 캐릭터

• 제누301: 열일곱 살 소년으로 퍼스트 센터에 입소해 세컨드 센터
를 거쳐 현재 라스트 센터에 살고 있다. 잘생기고 똑똑해 보인다는
묘사가 여러 번 등장하는 걸로 보아 준수한 외모를 지니고 있을 것
으로 추정된다. 생각이 많으며 어른스러운 사고를 하고 상황에 대
한 깊은 감수성과 이해, 공감능력을 갖추고 있다. 제누의 눈으로 작
가는 자식과 부모의 자격, 자식과 부모의 역할, 부모가 없는 아이들
에 대한 사회의 차별 등을 이야기한다. 제누는 3차 페인트까지 진행
되었던 부모 면접을 스스로 포기하고 결국 자신만의 길을 만들어
보기로 결정한다.

• 가디 박: 제누가 사는 라스트 센터의 센터장이다. 아이들에게 최
선의 양부모를 찾아 주기 위해 양부모의 선정 과정을 까다롭게 하
다 보니 전국에서 실적이 가장 저조하다. 어린 시절 자신을 학대한
아버지에 대한 아픈 기억을 안고 있으며, 해묵은 어린 시절의 고통
에서 벗어나고자 노력한다. 제누를 누구보다 잘 이해하고 있으며,
제누를 비롯한 센터의 아이들에게 진정한 사랑과 존경을 받는 인
물이다. 정확한 나이는 나오지 않으나 30대 중반으로 추정된다.

• 가디 최: 제누가 사는 라스트 센터에서도 남자아이들이 거주하

는 센터 B에 있는 유일한 여성 가디다. 박과 마찬가지로 엄격하게 아이들을 관리하지만, 박과는 달리 규칙 내에서의 자율성은 허용한다. 박의 대학 후배로 박의 어린 시절을 알고 있는 유일한 인물이며 박을 존경해 최고의 성적에도 불구하고 전국 최저 실적의 센터에 자원한다.

• 아키: 제누와 한방을 쓰고 있는 아이다. 열네 살 소년으로 해맑고 긍정적이며 순수하고 선하다. 처음으로 마련된 페인트에서 자신을 진정으로 사랑해 줄 프리 포스터를 만나게 된다. 작품 곳곳에 나오는 아키의 순수한 말은 제누를 감동시키며 때로는 깨달음을 주기도 한다.

• 하나와 해오름: 제누가 마지막으로 페인트에서 만난 프리 포스터들이다. 30대 초반으로 추정된다. 작가가 되려는 하나와 화가가 되려는 해오름은 제누에게 처음부터 솔직한 모습을 보였으며, 자신들 역시 제누와 마찬가지로 여전히 성장하고 배울 것이 많은 어른임을 인정한다. 제누의 양부모가 되지는 못했으나 부모보다 가까운 친구가 된다.

1. 제누가 1차 페인트에서 거부감을 가진 프리 포스터들은 어떤 사람들인가?

2. NC센터의 시스템 중 가장 마음에 드는 것은 무엇인가?

3. 책에 나온 인물 중 가장 마음에 드는 캐릭터는?

4. 책에 나온 에피소드 중 가장 마음에 와닿는/와닿지 않는 것은?

5. 책에 나온 제누의 말 중 가장 공감한 것은?

① NC센터 안의 삶은 바깥에서의 삶을 위한 리허설에 불과한 걸까?

작품에 등장하는 NC센터는 부모에게 버려진 아이들을 외부로부터 보호하는 동시에 다시 외부로 내보내는 기능을 하는 곳이다. 센터는 마치 작은 사회처럼 자신만의 규칙과 규율, 시스템에 따라 운영되며, 아이들이 입양되는 즉시 아이와 관련된 모든 정보는 센터에서 영구 삭제된다. 이런 관점에서 아이들이 센터에서 머무는 한정된 시간은 외부에서의 본 공연을 위한 리허설로 보이기도 한다.

지금, 학교는 요즘의 인문계 고등학교는 위탁 교육기관을 통해 대학 진학을 원하지 않는 아이들이 다양한 진로를 탐색할 수 있도록 적극적으로 돕는다. 고등학교에서 담임을 맡았던 때, 우리 반에도 진학 대신 취업을 원하던 아이가 있었다. 그 아이는 여러 단계를 거쳐 자신이 원했던 위탁 기관에서 교육을 받게 되었으나 입학까지는 잠시 대기해야만 했다. 그 짧은 기간 동안 그 아이는 마치 본인의 삶이 위탁 기관에 가서야 시작되는 것처럼 행동하기 시작했다. 지각과 결석은 하지 않았지만, 학급에서의 모든 역할을 거부했고, 수업 시간에도 제대로 된 준비 없이 엎드려 자기 일쑤였다. 불러서 대화를 해 보았으나 기관에 가면 열심히 할 것이므로 그때까지는 그냥 내버려 두라는 식의 말만 거듭했다. 어떤 말도 듣지 않던 그 아이를 바라보며, 어떤 공간에 있든 그곳에는 출렁이는 삶이 가득하다는 것을 그 아이가 언제쯤 이해할까 생각했던 기억이 난다.

아이들은 잠들어 있다가 어느 날 누군가 두드려 깨워서 세상 밖으로 나가는 것이 아니다. 인생 전체를 위한 토양을 만드는 10대의 시절을 그들은 그들 나름의 공간에서 보낸다. 그리고 그곳이 어디든 그들에게 소중한 한 번뿐이자 불가역적인 시간이 쌓여 가고 있다. 어떤 인생도 다른 인생에 견주어 리허설이 될 수는 없다. 모든 삶은 스포트라이트 안에 존재할 권리를 갖는다.

② 선택하는 입장과 선택받는 입장 중 어떤 것이 더 행복할까?

작품에서 제누의 입을 통해 자주 등장하는 문제 중 하나는 선택이다. 부모가 될 준비가 안 된 사람들, 자식들을 이해하려는 마음이 없는 사람들을 부모로 두는 것보다는 센터의 아이들처럼 면접으로 원하는 부모를 선택할 수 있는 고아의 입장이 더 행복할 수도 있다는 것이다. 대부분의 사람에게 부모님은 그 누구와도 바꿀 수 없는 소중한 존재겠지만, 그럼에도 작품 속 박이나 제누를 생각하면 선뜻 한 손을 번쩍 들어 주기가 쉽지만은 않다. 고통의 질과 양을 단순 비교하는 것이 불가능하기 때문일까?

지금, 학교는 학교에서 교사는 학생에 대한 선택권이 없다. 담임을 맡든, 비담임을 맡든, 어떤 학급에 들어가든 학생에 대해서만큼은 선택당하는 입장이다. 그렇다 보니 매년 새 학기가 되면 첫날 교실 문 앞에 서서 행복한 두근거림을 느끼기도 한다. 물론 우리 반에 학교에서 이름난 문제아가 있을 수도, 예상치 못한 문제와 부딪힐 수도 있지만 말이다. 때론 말썽꾸러기 아이들이 모두 천사로 변하는 믿기지 않는 행운이 찾아올 때도 있다. 교사에게 학생은 선택하지 않기에 예기치 않은 드라마를 겪게 해 주는 새로운 운명이다.

인생에서 선택할 수 있는 것들을 나열해 보라. 그것들의 공통점은 나의 선택이 미치는 범위의 반경이 오롯이 나에게 한정된다는 것이다. 그에 반해 내가 선택의 대상이 된 경우는 보통 공통의 목적이나 가치, 체계하에서 내가 들어가야 무언가가 완성되는 경우다. 여기에서의 핵심은 관계다. 관계라는 단어는 둘 이상의 사람이나 사물이 전제되어야 한다. 어느 일방만으로는 성립되지 않으며 반드시 상대가 있어야 한다는 말이니, 관계에서 모두는 선택의 주체이자 동시에 객체가 될 수밖에 없다. 그리고 이러한 관계의 이중적 속성으로 우리는 어떤 한 입장만을 선호할 수 없게 되는 것이다.

생각훈련 독서법

③ 가족이 되기 위한 자격 조건이 있을까?

이 작품에서 친부모의 손에 성장한 인물은 박과 하나다. 그러나 이 두 사람은 태어날 때부터 자동으로 선택된 부모에 의해 고통받는 것으로 그려진다. 즉, 작가는 이 두 사람의 사례를 들어 부모의 자격을 묻고 있는 것이다. 한편, 제누가 하나와 해오름 부부에게 입양되는 것을 거절하는 모습에서는 자식의 자격에 대해서도 질문을 던진다. 관계라는 단어의 의미에서 알아봤듯 양쪽 모두에게 자격에 관해 묻고 있는 것이다. 과연 나는 자격을 갖춘 사람일까?

지금, 학교는 10여 년 전 스승의 날 행사 때의 일이다. 전체 교사와 학부모 들이 참석한 대규모의 행사가 학교 근처 식당에서 열렸고 우리 반에서도 몇 분의 학부모님이 참석했다. 그런데 그중 한 분의 행동이 나를 너무 불편하게 했다. 나의 볼을 꼬집는가 하면, 술을 계속 권하고, 심지어 행사가 끝난 뒤에도 늦게까지 나를 놓아주지 않아 나는 12시가 넘어서야 집에 갈 수 있었다.

이후 나는 그 어머니가 자녀를 어떤 방식으로 교육하는지 더욱 세심하게 지켜보게 되었다. 대학 진학이 걸려 있는 중요한 시기였기 때문이기도 했지만, 나에게 한 일방적인 행동들이 신경 쓰였기 때문이었다. 아니나 다를까 이 어머니는 일방적으로 아이의 대학 진학 문제를 결정하셨고, 나의 강력한 만류에도 불구하고 확인되지 않은 미국의 지인에게 아이를 유학 보냈으나 여러 가지 불행한 일이 겹치면서 아이는 결국 1년도 안 돼서 한국으로 돌아오게 되었다. 이 소식을 듣고 너무 안타까워하는 나에게 어머니는 되레 좀 더 강하게 말리지 않은 나를 원망하셨다.

아이는 부모의 소유물이 아니다. 낳아 주고 길러 주지만 성인이 된 순간부터 인생의 주인공은 아이가 되어야 한다. 부모 역시 아이의 희생양이 아니다. 낳았다는 이유 하나만으로 자신의 인생을 송두리째 아이에게 바쳐서는 안 된다. 이 정도의 철학이 부모와 자식 관계에 필요한 대원칙이 아닐까? 가족으로 맺어진 관계는 단순한 선언이나 의지만으로 끊어지지 못한다. 그러나 역으로 생각해 보면 이런 불가역성으로 인해 우리는 안도할 수 있을지도 모른다. 어떤 상황에서도 내 곁에 있어 주는 사람들이 있다는 사실에 말이다.

(4) 선택할 수 없는 것에 선택의 기회가 주어진다면?

이 작품의 핵심은 결국 선택할 수 없는 부모 자식의 관계를 선택할 수 있는 사건으로 만든 데 있을 것이다. 그렇다면 부모를 선택하는 일 말고도 우리가 가정해 볼 수 있는 다른 선택은 없을까? 나의 선택으로 인해 상처받는 이가 없으며, 비윤리적이지 않고, 선택의 최대 수혜자가 나일 수 있는, 그런 선택은 없을까? 있다면 무엇일까?

지금, 학교는 아이들의 입장에서 이미 선택된 것을 원점으로 할 테니 무언가를 다시 선택해 보라고 한다면 아마도 1번은 담임교사의 교체, 2번은 교과담임의 교체가 될 것이다. 두 사람 모두 아이들에게는 학교에서 부모와 같은 존재이니 어쩌면 이것은 부모를 다시 고르는 것과 크게 다르지 않을 수 있다. 예전에 근무했던 고등학교에서 실제로 학생과 담임교사의 갈등이 커져서 2학기에 담임교사가 교체되는 사건이 있었다. 처음에는 한 명의 학생과 첨예하게 대립하며 문제가 생겼으나, 그 일로 교사는 점점 학급 관리에 소홀해졌고, 결국 반 아이들 모두 담임을 싫어하게 되고 말았다. 그 반 아이들과 담임교사는 선택할 수 없는 것에 선택의 기회를 갖게 되었으나, 양쪽 모두 마음에 커다란 상처를 입었다.

우리가 선택할 수 없는 것들이란 거의 대부분 사람 간에 벌어지거나 사람이 연관된 것, 즉 관계에 관한 것들이다. 따라서 애초에 선택권이 주어지지 않았고, 빠져나오기가 거의 불가능하다. 이러한 관계는 우리를 정의하고 규정하며, 구속과 정착을 가능하게 한다. 행복을 주지만 행복의 크기만큼 불행에 빠지게도 만든다. 그러나 선택 불가능한 상황이 나를 불행하게 할 때 잊지 말아야 할 단 한 가지의 진실은 '나'는 모든 관계보다 우선이어야 하고, '내'가 나의 관계보다 소중하다는 것이다.

1 제누는 왜 하나와 해오름 부부와 페인트를 하기로 결정했을까?

작품을 보면 하나와 해오름은 1차 페인트 전에 보내는 사전 영상에서 꾸밈없고 솔직하며 가식 없는 모습을 보인다. 제누는 다른 프리 포스터들과는 구분되는 이러한 모습, 심지어 부모가 될 준비가 되어 있지 않지만 자신이 참여해 새로운 관계를 만들어 갈 수 있는 여지를 발견한 것은 아닐까? 제누의 생각에 페인트에 완벽하게 대비한 사람들 역시 완성된 부모는 아니며, 오히려 부모와 자식의 관계는 서로 약간의 부족함과 준비의 미비함을 인지한 상태에서 시작해 함께 만들어 가는 것이라고 보는 것 같다.

2 박은 왜 제누에게 하나와 해오름 부부와의 1차 페인트에서 예의를 지키지 않아도 된다고 했을까?

박의 엄격한 기준에서 하나와 해오름은 터무니없이 기준 미달인 상태였다. 제누의 남다른 판단력을 믿고 보낸 페인트였지만 아이들을 진정으로 아끼는 박의 입장에서는 마치 저조한 실적의 압박으로 아이를 사지로 보내는 것처럼 생각했을 것이고, 그런 자책과 미안함 때문에 원칙을 깨면서까지 제누에게 위의 말을 한 것으로 보인다.

③ 제누는 왜 하나와 해오름 부부와의 1차 페인트에 85점이나 주었을까?

이것은 1차 페인트를 하기로 결정했을 때, 제누의 생각과 연장선에 있는 점수다. 그는 완벽한 척하는 부모가 아니라 나약하고 인간적인 약점을 드러낼 수도 있지만 자식에 대한 믿음과 사랑, 공감하려는 마음을 지닌 부모를 원했다. 제누가 보기에 하나와 해오름은 완벽은커녕 부족함이 훨씬 더 많았지만, 이를 인정하는 솔직함을 지녔고, 그것이야말로 성숙한 어른이라고 판단했다. 따라서 앞으로 자신이 이 두 사람에게 입양될 경우 자신을 잘 이해해 줄 사람으로 생각했기에 높은 점수를 준 것으로 보인다.

④ 박은 새끼 원숭이인 에드거에 대한 제누의 생각을 듣고 왜 미소를 지었을까?

박의 이야기를 따라가다 보면 결국 그가 새끼 원숭이인 에드거의 입장과 비슷하다는 것을 알 수 있다. 자신을 학대하던 아버지가 늙고 병들어서 시한부 판정을 받은 지금, 그 어느 때보다 나약한 자신의 아버지에게 박의 복수는 너무 쉬운 선택일 수 있다. 또한 복수는 마음의 평화를 가져오는 것이 아니라 또 다른 형태의 고통을 불러

올 것이다. 박이 자신의 굴레를 벗어나는 길은 아버지와 같은 차원의 행동을 하지 않는 것, 즉 나약한 자신을 학대했던 아버지와는 달리 나약한 아버지에게 모질게 굴지 않는 것이다. 이런 본인의 생각을 읽은 듯 말하는 제누의 말을 들으니 자신의 생각이 옳았음을, 자신이 가려는 길이 외롭지 않을 것임을 마음 한구석에서 깨닫고 미소를 지은 것 같다.

⑤ 제누는 왜 하나와 해오름 부부를 친구로 택했을까?

제누는 3차까지 페인트를 마치고 하나와 해오름 부부가 이미 준비된 성숙한 어른들이라고 생각했다. 그러나 박에게는 막상 자신이 그들에게 좋은 아들이 될 수 있을지를 생각하게 되었다고 말한다. 또한 자신이 아직은 센터에서 배우고 생각할 것이 많다고 밝힘으로써 누군가에게 입양되어 가정을 이루는 목표 이외에 다른 목표가 생겼음을 암시하고 있다. 또한 작품에 나오듯 친구야말로 애정이나 필요와 같은 동기나 목적 없이 언제든 속마음을 내보일 수 있는 부담 없는 관계이므로 친구가 되고자 결정한 것으로 보인다.

⑥ 제누는 왜 이후의 모든 페인트를 거부한다고 했을까?

제누가 하나와 해오름을 친구로 선택하면서 그는 이미 어느 정도이 결정을 염두에 두고 있었을 것으로 보인다. 박과의 대화에서 제누는 사랑 이외에도 서로의 필요에 따라 만들어지는 가족 관계에 대해 좀 더 고민할 것임을 내비친다. 또한 센터를 나가서 자신의 출신을 지우기 위한 가족 관계보다는 당당하게 자신의 출신을 앞세우고 삶을 개척하고자 한다. 제누는 자신 안의 자신을 발견해 스스로 주체가 되는 삶을 살고 싶은 것이지 복잡한 이유로 인연을 만들어 그 안에 종속되고 싶지는 않은 것이다. 또한 아직 열아홉 살이 안 된 그에게는 얼마든지 그가 선택하고 싶은 인연이 생길 가능성도 있으니 앞으로 자신의 이름을 걸고 자신이 개척하는 관계를 만들고 싶어 하는 것으로 보인다. 그 길이 비록 가 보지 않은 길이라 두렵더라도 그는 스스로 만든 미래로 나가고 싶은 것이다.

〈애프터 웨딩 인 뉴욕〉(2019)

죽은 줄 알았던 친엄마와 죽어 가는 새엄마 사이에서 혼란을 겪는 딸에 관한 이야기다. 새엄마는 친엄마에게 딸을 포함한 자신의 아이들을 부탁하고 죽는다. 영화에서는 피가 섞였다는 이유로 난생처음 만났어도 서로에게 끌린다든가, 피 한 방울 섞이지 않았어도 헌신적인 엄마가 될 수 있다는 것 등을 보여 준다. 또는 자신의 선택에 따른 책임을 묻기도 하는데 이 문제를 가족과 결합했기 때문에 부모를 선택할 수 있다는 구성의 페인트와 연결점을 찾을 수 있다.

〈그렇게 아버지가 된다〉(2013)

가족 영화의 거장 고레에다 히로카즈의 영화다. 이 영화는 6년간 키워 온 아들이 친자가 아니라 병원에서 바뀐 아이라는 설정과 점잖은 얼굴과 말로 아이들에게 저지르는 어른들의 일상적인 폭력을 보여 주고 있다는 것에 특이점이 있다. 그러나 결국 주인공은 아이에게 진심을 다해 용서를 빌며 한 단계 성장하는 인간이 된다. 이 영화를 통해 유전자를 공유했다는 사실이 자격이 안 되는 사람을 부모로 만들어 주진 않는다는 것을 알게 된다. 『페인트』의 제누가 부모의 자격에 대해 말하는 많은 부분을 이해해 볼 수 있는 수작이다.

〈늑대아이〉(2012)

시간을 달리는 소녀로 국내에서 유명한 호소다 마모루 감독의 애니메이션 영화다. 이 영화에서 엄마는 특별한 방식으로 늑대아이들을 키우며 자식을 위해 헌신한다. 늑대아이들은 성장을 거듭하다 어느 순간 자립하게 되는데, 이 부분에서 엄마로부터 독립이 어려워 힘들어 했던 『페인트』 하나의 모습을 발견할 수 있다. 그 밖에도 주인공의 러브 스토리와 아이들이 늑대임을 숨기면서 벌어지는 재미있고 귀여운 장면들이 가득하니 아이들과 함께 보기를 추천한다.

〈노웨어 스페셜〉(2021)

세계적인 명성을 가진 이탈리아의 감독 우베르토 파솔리니의 작품이다. 시한부 판정을 받은 아빠가 하나뿐인 네 살짜리 아들에게 새로운 부모를 찾아 주기 위해 온갖 노력을 한다. 다양한 조건의 사람들을 만나지만 아들을 맡길 특별한 곳은 없었다. 그러다 마침내 주인공은 아들에게 가장 소중한 것을 내어 줄 수 있는 사람에게 아들을 맡기게 된다. 이 영화를 통해서 아이들은 죽음, 이별, 그리고 가족 관계에서 가장 중요한 것은 무엇인지 생각해 볼 수 있다.

불편한 편의점	김호연	
참고도서	나무옆의자, 2021년	

한 학급에는 보통 20~30여 명의 아이들이 있다. 다양한 고민과 생각을 가진 아이들이 아무렇지 않게 섞여 있지만 노련한 담임교사의 눈에는 아이들이 숨기고 있는 그날의 기분과 감정이 눈에 띄기 마련이다. 한 명씩 마주 앉아 대화를 하다 보면 아이들은 그제야 서서히 마음속에 숨겨 둔 고민과 궁금증을 꺼내 놓는다. 고민과 어려움이 없는 아이는 단 한 명도 없다. 그리고 이야기를 듣다 보면 나역시 내 삶을 돌아보게 되고, 우리는 어느새 서로를 토닥이고 있다.

교사의 업무에서 아이들의 마음을 예쁘게 매만져 주고, 여린 마음이 상처받지 않고 온전히 자리 잡게 해 주는 일은 가장 보람 있는 일이다. 삶은 누구에게나 어렵다. 그럼에도 살아갈 수 있는 이유는 누군가 나에게 공감해 주고 나의 의미를 일깨워 주는 따뜻한 마음 때문일 것이다. 이 작품에서 우리 아이들이 이것을 잊지 말았으면 한다.

생각훈련 독서법

① 『불편한 편의점』의 작가는 누구인가?

작가 김호연은 1974년 서울에서 태어났고 고려대학교 인문대학 국어국문학과를 졸업했다. 원래 연극영화과를 지망하고 싶었을 정도로 영화를 좋아해서 대학 시절 영화 동아리에 가입해 원 없이 시나리오를 쓰고 영화를 찍었으며, 졸업 후 영화사에 입사했다. 첫 직장이었던 이곳에서 영화 〈이중간첩〉의 시나리오를 공동 작업하며 시나리오 작가로 데뷔했는데, 이때 선배들과 합숙하며 스토리텔링을 배웠던 경험이 글쓰기 방식에 큰 영향을 미쳤다고 한다.

이후 온전히 혼자 시나리오를 쓰기 위해 회사를 그만두었으나 한 편도 팔리지 않아 생활고에 시달리다 출판사에 들어가게 되었다. 만화 기획팀에서 일을 하며 틈틈이 쓴 『실험 인간 지대』라는 만화 스토리가 제1회 부천 만화 스토리 공모전에서 대상을 수상하면서 만화 스토리 작가가 되었다. 이후 만화 기획팀이 없어지면서 소설 편집팀으로 옮겨 전 세계의 다양한 소설을 접하게 되었고, 대중소설이 독자들에게 점차 사랑받는 것을 알고 관심을 갖게 되었다고 한다. 이런 경험들을 거치며 결국 『망원동 브라더스』로 2013년 제9회

세계문학상 우수상을 받고 소설가로 데뷔했다. 『망원동 브라더스』는 동명의 연극으로 제작되어 2015년부터 공연되었다.

주요 작품으로는 『망원동 브라더스』(2013), 『매일 쓰고 다시 쓰고 끝까지 씁니다』(2020), 『불편한 편의점』(2021), 『불편한 편의점 2』(2022)가 있다.

② 『불편한 편의점』의 모티프는 무엇인가?

이 작품은 작가의 지인들과 본인의 경험에서 출발했다고 한다. 공간적 배경인 편의점은 친한 선배가 문래동에 편의점을 차린 데서 아이디어를 얻었다. 그 선배는 대학 시절 학생운동을 하던 험악한 인상의 사람이었고, 말투도 어눌해서 편의점 점주와 어울리지 않았는데, 선배의 이런 이미지는 주인공 독고의 캐릭터를 만드는 데 기여했다. 작품에 등장하는 '참참참'은 작가가 원래 좋아하던 메뉴로, 경만 캐릭터를 강화하기 위해 사용했고, 에일 맥주는 맥줏집을 하다가 양조장까지 운영하게 된 친구의 도움을 받았다고 한다. 또한 명예퇴직 후 편의점에서 야간 아르바이트를 시작한 친구와 투잡으로 주말에만 편의점 아르바이트를 하고 있는 친구에게서 편의점 운영, 손님과의 에피소드 등을 듣고 사실적으로 작품에 활용했다고 한다. 물론 작가가 평소에 편의점을 애용했었다는 것도 크게 한몫했다.

① 작품의 구성

이 작품은 편의점이라는 공간적 특성을 한껏 이용한다. 많은 사람이 거쳐 가는 장소라는 이점을 살려 다양한 이야기를 한 작품에 담아낸다. 또한, 주인공을 중심으로 주변 인물과의 접점을 만드는 것은 물론, 주인공의 단독 이야기를 동시에 진행하는 이중적인 구조를 띠고 있다.

독자들의 흥미를 끝까지 이끌어 가는 원동력으로는 추리 소설적 기법, 즉 모호한 인물인 독고의 정체를 내내 가려 놓다가 결말 부분에 이르러 드러나게 한 점을 꼽을 수 있다. 셜록 홈스가 결말에서 자신이 어떻게 사건을 해결했는지 설명하며 독자들에게 감동을 주듯, 이 작품에서도 마지막에 독고의 관점에서 편의점에서 일어났던 일련의 에피소드들을 정리하게 하고 독고 스스로 정체를 밝히도록 한다. 이전까지 독고의 정체에 대한 단서들이 조금씩 심어져 있기 때문에 독자들도 이런 전개에 고개를 끄덕이게 된다. 소설의 중간쯤에는 제목과 동명인 '불편한 편의점'이라는 챕터가 들어가 있는데 이 부분에서 작가는 작품을 간접적으로 해설하며, 이 챕터의 내용은 2편의 단초가 된다.

② 작품의 내용적 특징과 작가의 어조

이 작품은 작가가 여러 인터뷰에서 자신의 관심사라고 밝힌 우리 주변 사람들의 일상적인 이야기를 다루고 있다. 평범한 소재로 독자의 흥미를 끌고 가려면 작가는 다양한 연령과 상황에 놓인 등장인물에게 알맞은 고민이나 문제를 안겨 주고 해결책을 찾게 해야 한다. 따라서 이 작품을 접하는 독자들은 저마다 자신과 비슷한 등장인물의 상황에 공감하게 되고, 그들이 문제를 해결하는 방식을 궁금해 하며, 문제가 해결되었을 때 감동을 받게 된다.

또한 이 작품이 사실적인 느낌을 주는 이유는 작가가 실제 상품명이나 TV 프로그램, 동네 이름 등을 사용했기 때문이다. 이런 친밀함과 사실성은 등장인물들이 겪고 있는 문제들과 연결되어 독자들은 작품 속에 자신의 모습을 투영하게 된다.

작가는 이 작품으로 우리의 현실이 아무리 각박해도 연대를 통해 헤쳐 나갈 수 있음을 보이고 싶었다고 밝혔는데, 작가의 긍정적이고 따뜻한 어조가 이러한 주제 의식을 뒷받침하고 있다.

③ 작품에 등장하는 캐릭터

• 염영숙/염 여사: 편의점 주인으로 70세의 퇴직 교사다. 죽은 남편

의 유산으로 청파동에 편의점을 차렸으며 말썽을 일으키는 아들이 한 명 있다. 편의점에서 일하는 직원들을 가족처럼 여기고 돈보다는 사람에 가치를 두며, 타인을 배려하고 공감하는 능력이 뛰어나다. 서울역에서 자신의 파우치를 주워서 찾아 준 독고를 데려와 편의점에 취직시킴으로써 그가 새로운 삶을 살 수 있도록 돕는다.

• 독고: 50대 초반으로 추정되는 인물로 실명은 밝혀지지 않는다. 전직 성형외과 의사였으나 자신이 개입된 의료사고로 가족과 직장을 모두 잃고 노숙자로 전락한다. 알코올성 치매를 앓으면서 기억을 모두 잃고 서울역에서 노숙하지만, 인성과 뛰어난 머리는 그대로 가지고 있다. 염 여사의 파우치를 찾아 주고 그녀의 편의점에서 일하면서 다양한 사람의 문제를 해결하는 데 도움을 주고 이로써 점차 기억을 회복하게 된다. 마지막에는 기억을 완전히 되찾아 편의점을 떠나 가족이 사는 대구로 내려간다.

• 시현: 20대 후반의 여성으로 편의점에서 1년째 아르바이트를 하면서 공무원 시험을 준비하다가 독고의 조언대로 제작한 유튜브 영상 덕에 뜻하지 않게 다른 편의점의 점장으로 스카우트된다. 사장인 염 여사를 존경하고 그녀가 데려온 독고에게 편의점 일을 가르치기도 한다.

• 오선숙/오 여사: 편의점 직원으로 염 여사와 같은 교회를 다니며 염 여사를 존경하고 따르는 인물이다. 30년을 함께 살아온 남편은 집을 나갔고 외아들과 함께 살고 있다. 아들과의 소통 부족으로 힘든 나날을 보내지만 독고의 조언에 힘입어 관계를 회복하게 된다.

• 경만: 40대 가장으로 의료기를 판매하는 영업 사원이다. 회사에서는 반복적인 승진 누락과 윗사람들의 질책에 힘들어 하고 집에서는 쌍둥이 딸을 부양하느라 힘들어한다. 유일한 낙인 혼술을 하기 위해 들르는 편의점에서 독고와 인연을 맺고 결국 그의 도움으로 가족과의 관계를 회복하고 좋은 거래처까지 소개받는다.

• 인경: 37세의 전직 연극배우이자 작가다. 배우 생활을 접고 작가가 되기 위해 고군분투한다. 모든 것을 건 작품을 쓰기 위해 독고가 일하는 편의점 맞은편에 머물다 독고와 인연을 맺게 된다. 독고와의 대화를 계기로 그를 소재로 한 작품을 쓰게 되는데 그 제목이 바로 '불편한 편의점'이다. 그녀의 작품은 2편과 연결되는 단초가 된다.

• 민식: 염 사장의 아들로 40세의 백수다. 젊은 시절에는 큰돈도 벌고 결혼도 했으나 무리한 투자로 돈을 모두 잃고 결혼 생활도 끝이 났다. 여전히 일확천금의 꿈을 버리지 못하고 어머니의 편의점을 팔아서 사업을 하고 싶어 하지만 그 꿈은 이루지 못한다.

• 곽: 60대의 흥신소 직원으로 전직 경찰이다. 민식의 부탁으로 독고를 추적하지만 그 과정에서 오히려 독고와 인연을 맺고 독고가 떠난 자리에 직원으로 채용된다. 곽의 등장으로 독고의 정체가 본격적으로 드러나게 된다.

1. 등장인물 중에서 가장 공감이 가는 인물은?

_____

_____

2. 등장인물 중에서 가장 공감이 가지 않는 인물은?

_____

_____

3. 등장인물들이 가진 문제 중에서 내가 경험한 문제가 있나?

_____

_____

4. 염 여사는 편의점 직원들에게 어떤 존재인가?

_____

_____

5. 등장인물들은 독고에게 어떤 도움을 받고 있나?

_____

_____

1 나의 선한 행동은 또 다른 선한 행동으로 이어질까?

이 작품의 중심은 편의점이고 편의점의 주인은 염 여사다. 따라서 염 여사라는 캐릭터가 가진 특성이 불편한 편의점의 성격이 되는 것이다. 전직 교사였던 염 여사는 물질이 아니라 가치 지향적인 사람이다. 그녀는 사람을 무엇보다 귀하게 여기기 때문에 타인의 고통에 깊게 공감하고 타인의 친절을 그대로 받아들인다. 이런 염 여사가 아니었더라면 독고는 영원히 노숙자로 살다가 죽었을지도 모른다. 염 여사는 남들에게 선한 행동을 강요하지는 않지만, 보상을 바라지 않는 모습이 주변에 서서히 영향을 끼친다. 선함은 또 다른 선함을 낳는 걸까?

지금, 학교는 몇 년 전 담임을 맡은 학급의 아이들에게 크게 실망한 적이 있었다. 조회 때 발견했던 쓰레기가 종례 때도 여전히 있어서 왜 쓰레기를 줍지 않았냐고 물었더니 아이들이 서로 자기가 버린 게 아니라고 미루는 모습을 보았기 때문이다. 아이들을 혼내기보다는 아직은 굳지 않은 말랑거리는 따뜻한 마음을 자극하고 싶었던 나는 방법을 강구해야 했다. 그렇게 해서 '봉사의 달인'이라는 시간이 나오게 되었다.

이것은 매일 종례 때 자신이 맡은 역할 이외에 반을 위해 무언가를 했다고 생각하면 손을 들고 그날 한 행동을 말하는 제도였다. 자기 추천이 먼저였지만 타인을 추천할 수도 있었다. 그렇게 해서 봉사라고 인정을 받으면 반 전체가 그 아이에게 "○○야, 고마워."라고 말하며 박수를 치게 했고, 나는 매달 통계를 내서 가장 많은 봉사를 한 아이에게 상을 주었다. 이 제도는 나름 효과가 있었다. 고등학교 1학년인 아이들이 서로 경쟁할 정도였으니 말이다. 가끔은 아이들에게 그들이 여전히 선한 마음을 지니고 있음을 일깨워 주는 것이 필요한 것 같다.

아무도 나를 믿어 주지 않을 때 나를 믿어 주는 사람, 헉헉거리며 간신히 걸어가는 나를 살며시 끌어 주는 사람. 결국 우리를 살아가게 만드는 것은 대단한 일이 아니라 정말 힘들 때 그저 따뜻하게 와닿는 타인의 마음일 것이다. 타인이 나에게 내어 준 그 마음의 가치를 진심으로 깨달았다면 언젠가 만나게 될 절박한 누군가에게 나 역시 손을 내밀게 되지 않을까? 자연스럽게 말이다.

2) 나를 용서하는 일은 얼마나 어려울까?

이 작품의 주인공 독고는 모든 걸 잃고 노숙자가 되었으나 염 여사의 파격적인 배려로 다시 사회로 들어오게 되는 인물이다. 죄를

생각훈련 독서법

지었으나 그것을 만회할 기회를 얻게 된 것이다. 그러나 이 기회는 타인이 마련해 준 물리적인 기회일 뿐이다. 진정한 만회는 이렇게 얻은 기반 위에서 자신이 쌓아 나가야 한다. 독고는 사람이 죽는 사건에 연루되어 가족을 포함한 모든 것을 잃었다. 여기에서 비롯된 죄책감으로 인한 절망은 그에게서 기억을 앗아 갈 만큼 지독한 것이었다. 돌이킬 수 없는 행동과 무너져 버린 삶. 이 모든 것이 내 탓이라고 한다면 내가 나를 용서하는 일은 너무나 어렵지 않을까? 아니, 가능하기는 할까?

지금, 학교는 교사가 된 지 얼마 안 되어 담임을 맡은 반에 유난히 튀는 아이가 있었다. 어쩌면 너무 조용하고 우울해서 눈에 들어왔던 것도 같다. 그러나 조용할 줄 알았던 아이는 뜻밖에 고집불통에 대화가 잘 되지 않는 아이였다. 당시에는 모두가 거의 반강제적으로 방과 후 보충수업과 야간 자율학습을 해야 하는 분위기여서 담임 업무의 절반은 보충과 야간 자율학습으로 아이들과 실랑이를 벌이는 일이었다(과장이 아니다!). 그 아이는 그중에서도 나와 가장 심하게 격돌한 아이였다. 보충을 빼기 위해 진단서를 수시로 끊어 오는가 하면, 야간 자율학습에 참석하지 않기 위해 몇 번이고 친가와 외가의 할머니와 할아버지의 제사를 들먹였다. 나중에 엄마와 통화해 보니, 양가 모두 할머니와 할아버지가 살아 계셨다. 엄마와의 통화를 근거로 아이를 나무라니 도리어 고자질을 했다며 나에게 대들었다. 심지어, 야간 자율학습을 하기로 약속했던 날에 자리에 없어 전화를 하자 나에게 심한 욕설을 하기도 했다. 나는 아이를 달래도 보고 꾸짖어도 보고 온갖 방법을 동원해서 대화를 해 보려고 했으나 아이는 막무가내로 자신의 권리를 주장했고, 급기야는 어머니까지 전화하셔서 아이의 편을 들기 시작했다. 그렇게 한 학기를 보내고 나니, 나 역시 더 이상 그 아이와 실랑이를 벌이고 싶지 않아졌고, 학부모의 동의서를 받아 보충과 야간 자율학습에서 그 아이를 제외했다. 결국 그 아이와 나는 서로 자극을 주지 않으며 벽을 쌓은 채 서로를 투명 인간처럼 대했다. 그렇게 그 아이와 끝내 마음의 문을 열지 못한 채 한 해를 보냈고, 이듬해 그 아이는 졸업해서 학교를 떠났다.

벌써 10년도 넘은 그때의 일은 여전히 나에게 아픔과 죄책감, 후회로 남아 있다. 뒤늦게라도 연락을 해 볼까 했으나 아이의 번호는 이미 바뀌어 있었다. '내가 받은 상처만큼 그 아이도 상처를 받았을 텐데' 하는 뒤늦은 안타까움과 미안함에 나는 한동안 마음이 편치 않았다. 좋은 교사란 무엇일까? 나는 아직도 답을 알지 못한다. 그러나 아이들의 마음에 상처를 주는 사람이어서는 안 된다는 것 정도는 깨우쳤다. 여전히 갈 길이 멀다.

사람은 누구나 실수하고 그 실수에서 배워 나간다. 다만 실수의 종류에 따라 치러야 하는 대가는 달라진다. 작품의 결말에서 독고는 가족을 만나고 봉사를 하기 위해 편의점을 떠난다. 자살까지 결심했던 그가 삶을 선택한 것이다. 그의 선택은 호된 대가 끝에 나온 것이지만 이 역시 자신을 온전히 용서했다는 의미가 아니라 이제 용서가 가능할지도 모르겠다는 작은 희망 정도를 의미할 것이다. 자신을 향한 용서는 어쩌면 일생에 걸쳐 이루어질 일인지 모른다.

③ 내가 미처 발견하지 못한 재능은 없을까?

이 작품에 나오는 시현은 공무원 시험을 준비하며 편의점에서 아르바이트를 하고 있는 평범한 20대다. 매일 반복되는 희망 없는 삶, 생기를 잃고 축 늘어진 젊음을 한탄하던 그녀는 독고와 대화하며 다른 사람을 이해시키는 자신의 재능을 알게 된다. 시현과 마찬가지로 우리 역시 반복되는 일상의 틀을 셔틀버스처럼 왕복하며 살아간다. 이렇게 매일 진행되는 삶에 파묻혀 지내다 보면 나에 대한 생각을 할 여유가 사라진다. 미처 깨닫지 못하고 놓친 나의 모습, 나의 재능은 무엇일까?

지금, 학교는 고등학교에 재직할 때의 일이다. 당시 내가 근무하던 학교에는 야구부가 있어서 몇몇 반에는 야구부 학생들이 포함되어 있었고 그 아이들은 훈련 때문에 수업에 제한적으로 참여했다. 그중 안경을 끼고 유난히 침착해 보이는 야구부원이 있었다. 그 나이대의 일반적인 야구부 학생들과는 달리 보통 체격에 약간 마른 듯했던 그 아이는 수업에 자주 빠졌음에도 수행평가나 지필평가에서 우수한 성적을 보였다.

그러다 우연히 그 아이의 교과서를 보게 되었고, 반듯하고 깔끔한 필기가 눈에 들어왔다. 보통의 야구부 학생들과 달랐던 그 아이를 수업 이후에 따로 불러 비결을 물었다. 아이는 사실 운동과 공부 중에 무엇을 선택할지 아직 고민 중이라면서 자신은 공부를 더 좋아하는 것 같다고 대답했다. 심지어 영어와 수학이 재미있다고도 이야기했다. 이후 아이가 경제와 사회에 관심이 많음을 알게 되었고, 만일 야구를 그만둔다면 그런 분야로 대학 진학을 생각해 보는 것도 좋겠다고 추천해 주었다. 그리고 몇 달 후 학기가 끝나 갈 무렵 아이가 찾아와서 야구를 그만두고 다른 학교로 전학을 가게 되었다며 작별 인사를 전했다. 나중에 전해 들으니 그 아이는 좋은 성적으로 서울에 있는 대학에 진학했다고 한다. 더 이상 소식을 듣지는 못했지만 자신에게 맞는 공부를 하며 행복하게 지내길 바란다.

숲만을 바라보면 그 안의 나무를 놓치고 나무만을 바라보다 보면 나무를 품고 있는 숲의 풍경을 놓치게 된다. 그래서 자신을 온전히 파악하기 위해서는 자신의 시선뿐 아니라 동시에 타인의 시선이 필요하다. 나를 알게 하고 나의 재능을 보여 주는 단서들은 아주 사소하고 하찮은 것일지 모르지만 그것에는 공통점이 있을 것이다. 그러니 이제라도 단서를 모아 단서가 가리키는 쪽을 바라보아야 한다. 무엇이 보이는가?

④ 타인에 대한 오해는 왜 생기는 걸까?

이 작품에 등장하는 여러 인물은 관계에서 고통받고 있다. 그 원인은 소통의 부재 혹은 왜곡되거나 일방적인 소통으로 인해 관계를 지속해 가는 데 어려움이 생겼기 때문이다. 이런 문제를 보이는 대표적인 인물이 오 여사다. 오 여사의 남편은 집을 나가서 소식이 끊긴 지 오래고 하나뿐인 아들은 서른 살이 되었으나 집에서 게임만하며 세월을 보내고 있다. 명문대를 나와 대기업에 입사했지만, 자신이 원하는 것을 하기 위해 성공과 안정이 보장된 길을 이탈해 버린 아들을 바라보는 오 여사의 심정은 충분히 공감할 수 있다. 그러나 독고가 오 여사에게 했던 말처럼 아들 역시 나름의 이유로 고통을 겪고 있을 텐데도 오 여사는 아들의 말을 들어 보려고 하지도 않았다. 마음을 알 수 없는 상대를 무슨 근거로 비판할 수 있을까? 상대의 마음을 알아야 그에 호응해서 내 생각을 전할 수 있지 않을까?

지금, 학교는 자그마한 몸집에 이쁘장한 얼굴로 인기가 많은 여자아이가 있었다. 그 아이는 심지어 성적도 좋아서 반장까지 맡았었다. 어느 날, 그 반 아이들이 수업 시간에 유난히 늦게 들어오는 일이 있었다. 본관에서 영어 교실까지는 꽤 거리가 있었기 때문에 나는 늘 아이들에게 제시간에 맞춰 부지런히 오라고 여러 차례 당부했었다. 반장을 앞에 불러 자초지종을 물으며 통솔에 대한 책임을 진지하게 묻고 있는데, 아이의 얼굴을 보니 웃고 있는 것이 아닌가. 그 표정에 더욱 화가 나 아이를 20분 이상 꾸짖게 되었고 급기야 그 아이는 울음을 터뜨렸다.

방과 후에 그 아이를 불러 아까의 상황을 다시 물었다. 알고 보니 아이는 당황하고 겁이 나면 자신도 모르게 웃는 습관이 있었고 이것이 뜻대로 통제가 되지 않아 오늘 같은 상황을 예전에도 여러 번 겪어 곤란했다고 말했다. 계속해서 나에게 죄송하다고 말하는 아이의 모습을 보니 오히려 내가 미안해졌다. 나는 나대로 수업의 규칙을 모두에게 강조하기 위해 반장을 대표로 혼낸 것뿐이었지만 그 아이는 얼마나 당황스럽고 창피했을까. 나는 나 역시 오해해서 미안하다고 아이를 달래 주었고 우리는 그렇게 웃으며 그 자리를 떠났지만, 그날의 경험은 교사로서의 나의 지평을 또 한 번 넓혀 주는 뼈아픈 사건이 되었다. 교사의 성장은 마지막까지도 끝나지 않을 것 같다.

소통은 오해를 이해로 바꾸는 유일한 수단이다. 오해나 이해가 내 머릿속에서 발생하는 나만의 활동이니 어떻게 하든 나의 자유

생각훈련 독서법

라고 생각할 수는 있으나 그것은 상대가 없는 경우에만 해당한다. 상대가 있는 경우라면 상황은 판이하게 달라진다. 더군다나 그 상대가 나에게 소중한 사람이라면 더더욱 그 사람의 마음과 생각에 귀를 기울여야 한다. 잠깐의 시간만으로도 상황은 달라질 것이다.

5 나에게 가장 힘이 되는 존재는 누구일까?

나를 가장 잘 아는 사람이 나를 가장 힘들게 한다는 말이 있다. 나를 가장 잘 알고 오랫동안 봐 온 사람, 선택의 여지 없이 한데 묶여 있어야 하는 사람, 가장 가까이에 있는데도 나를 가장 외롭게 하는 사람. 이 사람은 누구일까? 아마도 가족일 것이다. 이 작품에서 가족이 갖는 이러한 양면성을 가장 여실히 보여 주는 인물은 경만이다. 직장과 가족 사이에서 혼자 외로이 떠돌며 혼술을 즐기는 경만을 보면서 우리는 나와 가족의 모습을 자연스레 떠올리게 된다. 그러나 결국 그에게 힘을 실어 주고 삶의 가치를 일깨워 주는 존재 역시 가족이었다. 쉽지만 어렵고 가깝지만 다 알지 못하는 가족. 가족은 나에게 정말 가장 힘이 되는 존재일까?

지금, 학교는 학교에서 교사의 역할을 구분하는 가장 기본적인 기준은 담임과 비담임이다. 담임을 맡으면 아이들의 한 해를 전적으로 책임져야 하므로 비담임교사에 비해 좀 더 바쁘고 긴장된 나날을 보내게 된다. 그럼에도 모두가 인정하듯 교사의 꽃은 담임이다. 담임에게는 나를 든든하게 받쳐 주는 토끼 같은 30여 명의 우리 반 지원군이 있기 때문이다. 한 명 한 명의 속사정을 알아 가며 학교생활을 챙기고 크고 작은 사건을 함께 겪다 보면 한없는 피로감에 퇴근 후 뻗어 버리기 일쑤지만, 그래도 담임에게만 보여 주는 애교 섞인 장난과 어린애 같은 천진함을 보며 한바탕 웃고 나면 교사로서의 보람과 가치를 느끼며 행복한 기분이 든다. 아이들의 북적임으로 늘 소란스러운 학교에서 아이들이 빠져나간 후 적막 속에 일을 하다 보면 그들의 재잘거림이 못내 그립다. 너무 피곤해서 아무렇게나 입고 출근한 날 복도를 지나가던 아이들이 "선생님 예뻐요."라고 한마디를 툭 던지면 유치할 만큼 기분이 좋아지지만, 금지된 행동을 끝내 반복하는 아이를 보면 얼굴이 터질 만큼 화가 나기도 한다. 그럼에도 학교에는 아이들이 있어야 하고 교사에게는 더더욱 아이들이 있어야 한다. 아이들은 어른의 미래이자 교사의 따뜻하고 순수한 현재니까 말이다.

우리는 피 한 방울 섞이지 않은 타인과 어울려 살아간다. 사회의 우리는 그래서 함께 있는 것 같으나 철저하게 혼자 살아가는 존재다. 업무와 자리, 성과로 인정받는 총칼 없는 전쟁터 같은 그곳에서 살아남으려면 나의 능력만으로는 힘에 부친다. 조건 없이 나를 지지해 주고 응원해 주는 아군이 한 명 정도는 있어야 이 전쟁터에서

생각훈련 독서법

생존할 수 있다. 뒤를 돌아보자. 나의 뒤편에 서 있는 그들이 어쩌면 가장 강력한 나의 아군일지 모른다.

① 염 여사는 왜 편의점 직원들을 가족같이 느꼈을까?

염 여사에게는 아들과 딸이 있으나, 그들은 엄마인 염 여사가 자식에게 베푸는 사랑을 약점 삼아 염 여사를 이용하려는 모습을 보임으로써 염 여사를 좌절시킨다. 그러나 편의점 직원들은 염 여사가 베푸는 친절과 호의 그 자체를 진심으로 감사하게 여기며 그에 보답하기 위해 노력하는 모습을 보인다. 따라서 염 여사 입장에서는 당연히 자신의 호의와 애정을 순수하게 받아들이고 감사하며 힘든 하루를 함께 버텨 가고 있는 직원들이 자식들보다 더 가족처럼 느껴졌을 것이다.

② 독고가 기억을 잃고 편의점에서 일하는 동안 보여 준 행동과 태도를 통해 우리는 독고에 대해 무엇을 알 수 있을까?

작가는 주인공인 독고를 기억상실의 상황으로 만들고, 작품 전체에 독고에 대한 단서를 뿌려 놓음으로써 독자들이 독고의 정체를 단계적으로 알 수 있게 한다. 처음 서울역에서 염 여사가 독고를 만난 것부터 독고의 남다른 도덕 관념(파우치를 찾아 줌) 덕분에 가능했으며, 이후 편의점의 여러 일화를 통해 그가 뛰어난 학습 능력과 장사수완을 지녔을 뿐만 아니라 인성 면에서도 나무랄 데 없는 사람임이 드러난다. 이를 통해 우리는 현재의 노숙자 상태와는 달리 과거에는 전혀 다른 일을 했거나 다른 계층에 속했으며, 기억을 잃고 지낼 만큼의 충격적인 사정이 있었음을 어렵지 않게 추측할 수 있다.

③ 독고는 어떤 방식으로 사람들에게 도움이 되고 있나?

독고는 편의점에서 일하면서 여러 등장인물을 돕는데, 독고가 남을 돕는 방식은 정확한 의도나 직접적인 언행으로 이루어지는 것이 아니라 상대의 말을 들어 주고 공감하며 상황에 맞는 조언이나 정보를 제공하는 것이다. 이 방식이 여러 등장인물에게 효과가 있었던 것은, 진심 어린 경청과 인물별 처지에 맞는 정확한 조언이 함께 했기 때문이다. 또한, 책의 마지막 챕터인 ALWAYS 편을 통해, 편의점에서 일하게 된 독고가 서서히 과거의 고통스러운 기억을 회복해 갔고, 그렇기 때문에 타인의 고통에 더욱 공감해서 그들을 돕고 싶어 했던 것을 알 수 있다.

④ 참된 소통의 부재는 등장인물들에게 어떤 문제를 야기하는가?

이 책 전체를 관통하는 중요 키워드가 소통인 만큼, 여러 인물의 희로애락 모두 소통의 부재 혹은 소통의 회복으로 나타난다. 주인 공인 독고 역시 기억을 잃고 노숙자 신세로 전락하게 된 이유가 자신이 저지른 의료 참사를 가족에게 숨기고 거짓된 언행으로 그들과의 공감의 문을 닫아 버렸기 때문이었고, 염 여사 역시 아들 민식과의 소통에 문제가 있었기 때문에 혼자 맥주를 마시는 등 고통을 겪게 된다. 오 여사도 아들과 허심탄회한 대화를 하지 못해 서로에게 오랜 시간 마음의 장벽을 쌓고 고통 속에 살아야 했고, 편의점에서 참참참으로 혼술을 즐기던 경만도 자신의 힘듦을 가족과 나누지 못한다는 자신만의 생각에 갇혀 외로움에 힘겨워 했다. 흥신소 곽 씨 역시 가족에게 진심이 아닌 모습으로 모질게 굴었던 탓에 늘그막에 홀로 남게 된 것이었다. 작가는 타인과 공존할 수밖에 없는 우리에게 그 연결점이 되어 주는 것이 소통임을 이처럼 명확하게 말해 주고 있다.

⑤ 독고는 과거에 대한 참회를 통해 무엇을 회복하고 싶었던 걸까?

ALWAYS 편은 독고의 입장에서 작품 전체의 에피소드를 설명하는 동시에 독고의 과거에 대한 비밀이 밝혀지는 부분이다. 이를 통해 우리는 독고가 불우한 가정사를 극복하고 잘나가는 성형외과에서 비윤리적인 행위를 하는 의사였으며, 의료사고로 인해 직장과 가족을 모두 잃고 노숙자가 되었음을 알게 된다. 독고는 의료사고를 방관한 자신의 비윤리성과 가족에게 솔직하지 못했던 자신의 언행으로 인해 기억을 잃어버리고 생명을 포기할 만큼 좌절하며 그때 우연히 만난 염 여사로 인해 다시 살아날 기회를 갖게 된다. 따라서 마지막에 보여 주는 독고의 참회는 과거의 삶과 가족과의 관계를 되찾으려는 의도보다는, 타인의 도움과 소통의 힘으로 갖게 된 새로운 삶에 감사하고 자신이 알게 된 것들을 실천하며 살려는 의도로 보인다. 구체적이고 현실적인 목표보다는 고통의 기간을 통한 깨달음에 방점이 있다는 점에서 독고의 참회에 진정성이 느껴진다.

〈바그다드 카페〉(1987)

이 영화는 미국 라스베이거스 부근의 황량한 모하비 사막에 있는 먼지투성이 카페에서 상처받은 두 여인이 만나 서로 의지하며 삶을 회복하는 과정을 그리고 있다. 황량한 삶을 상징하던 바그다드 카페는 영화가 전개될수록 이곳에 들르는 모두를 위한 행복한 공간으로 바뀌어 간다.

〈아름다운 세상을 위하여〉(2000)

이 영화는 내가 다른 사람을 도우면, 도움받은 사람이 또 다른 세 사람에게 도움을 베푼다는 사랑 나누기로 유명하다. 영화의 출발은 우리가 사는 세상을 좀 더 낫게 바꿀 방법을 생각해 오라는 학교의 과제를 받은 한 아이의 순수한 열정에서 비롯된다. 세상을 바꾸기 위한 용기와 노력이 쉬우면서도 어렵다는 것을 보여 줌과 동시에 그럼에도 우리가 함께할 수 있다는 희망의 메시지를 제시한다.

〈카모메 식당〉(2006)

핀란드라는 이국적인 배경을 보는 즐거움이 있는 영화로, 일본인인 주인공이 운영하는 카모메(갈매기) 식당을 중심으로 다양한 인물들의 이야기가 펼쳐진다. 맛있는 음식과 아름다운 풍광, 서로를 향한 아낌없는 배려와 공감이 가득 담긴 따뜻한 영화다.

〈심야식당〉(2014)

영화는 동명의 베스트셀러 만화가 원작이다. 『불편한 편의점』에 나오는 독고처럼 과거를 알 수 없는 주인 '마스터'가 운영하는 작은 술집을 배경으로 각양각색의 사연을 가진 사람들의 이야기가 펼쳐진다. 마스터는 사연을 듣고 이를 위로하는 음식을 제공하며 그들의 애환에 공감한다.

수업 지도안 예시(『작은 아씨들』)

수업지도안을
다운받으세요.

수업 일시		대상		지도교사
작품 제목	작은 아씨들 (Little Women)	저자	루이자 메이 올컷 (Louisa May Alcott)	교사
전개	생각의 틀 – 테두리 구성하기 ① 19세기의 대표적인 미국 소설 중 하나인 작은 아씨들을 꼼꼼하게 감상한다. ② 작품의 완전한 감상을 위해 작가와 작품의 배경에 대한 정보를 학습한다. ③ '가족'이라는 주제를 중심으로 생각을 훈련한다.			
1차시	④ 주어진 질문에 대한 자신의 생각을 정리해 써 본다. ⑤ 쓰기를 통해 정리된 자신의 생각을 같은 조의 친구들과 나누며 토론한다. ⑥ 각 질문에 대한 의견을 조별로 정리해 반 전체와 공유하는 시간을 갖는다.			

학습 단계	교수 – 학습 활동		자료 및 유의점	시간 (분)
	교 사	학 생		
도 입	2차시~ (필요한 만큼의 차시를 계획) ① 작은 아씨들의 예고편을 보여 준다. ② ppt로 미리 준비한 학습목표를 제시한다. ③ ppt로 이번 작품에서 중점적으로 다룰 주제를 소개한다. ④ ppt와 동영상으로 작가와 배경 지식을 소개한다.	① 예고편을 보며 작품 전체에 대한 분위기와 내용을 파악한다. ② 교사가 제시한 학습 목표로 작품 감상의 중심 주제를 파악한다. ③ 작가와 작품의 배경에 대한 정보를 습득해 작품 감상의 이해를 넓힌다.	• 동영상/영화준비 • 교재(책) 준비 • 학생들은 교재 준비	

			자료 및 유의점
	⑤ 수업이 진행되는 방식을 설명한다. 쓰기와 토론 수업으로 진행됨을 명시한다. ⑥ 다음 차시에 읽어 와야 할 분량을 정해 준다.	④ 수업이 쓰기와 토론으로 진행된다는 점을 미리 한다. ⑤ 다음 차시에 읽어 와야 할 분량을 확인한다. ⑥ 교사가 사전에 정해 준 분량의 독서를 반드시 해 오고, 수업 전에 다시 한번 내용을 확인한다.	
전시 학습 확인 (2차시~)	① 장편소설이므로 미리 학생들에게 읽어 올 분량을 정해 주고, 독서가 되어 있는지 확인한다(꼼꼼하게 확인할수록 효과적이다. 과제 등의 형태로 꼭 확인한다). ② 오늘의 분량에 해당하는 ppt와 영상을 확인한다.	교사가 사전에 정해 준 분량의 독서를 반드시 해 오고, 수업 전에 다시 한번 내용을 확인한다.	
학습 목표 제시	수업 차시에 따라 위에 제시된 학습 목표를 학생들에게 제시한다.	제시된 학습 목표로 오늘의 수업에 대해 예상한다.	학습 목표가 제시된 ppt
동기 유발	① 1차시 - 예고편으로 <직은 아씨들>이라는 작품을 소개한다(2019년 영화의 메인 예고편 활용, 유튜브). ② 2차시 이후 - 해당 부분의 영화로 오늘 읽어 온 부분의 내용을 요약 정리한다.	교사가 제시한 영상으로 학습할 내용에 대한 생각을 요약하며, 읽어 와 하거나 읽어 온 분량의 내용을 회상한다.	* 동기 유발 단계 예시는 동영상과 영화 사용을 적극 권장(1994, 2019 버전을 적절히 사용)

학습 단계	교수-학습 활동		자료 및 유의점	시간(분)
	교 사	학 생		
1차시	생각의 틀 - 테두리 구성하기 ① 테두리 만들기 수업을 진행한다. ② 테두리에서 제시된 네 가지 항목을 ppt로 만들어 화면에 띄워 놓고 학생들에게 설명한다. ③ 설명하면서 참고 영상을 틀어 준다. ④ 학생들에게 다음 차시에 다룰 분량을 공지한다.	① 테두리 만들기 작업으로 작품의 틀을 이해한다. ② 다음번 분량에 대한 공지를 듣고 확인한다.	• 동영상 (예고편) • ppt자료	
2차시~ (필요한 만큼의 차시로 계획) 전개	이 과정을 책을 다 읽을 때까지 반복 * 오늘의 분량에 대해 ① 영화의 해당 부분으로 정리해 준다. ② 내용을 요약하는 글쓰기를 지도한다. ③ 가장 인상적인 대목을 찾아 책에 표시하고 이유를 딱 쓰게 할 것.	① 영화로 읽어 온 분량에 대한 내용을 확인한다. ② 내용을 요약해서 글쓰기를 한다(책 참고 가능). ③ 인상적인 대목을 찾아 책에 표시하고 해당 대목과 이유를 공책에 적어 둔다.	• 동영상/영화 준비 • 교재(책) 준비 • 학생들은 온 곳 책 준비	
	생각의 틀 - 8행에 채우기 * 쓰기 기반 수업 ① 준비한 질문을 ppt로 화면에 띄운다. ② 각각의 질문에 대해 교사가 자신의 생각을 먼저 말해 준다. ③ 학생들에게 공책을 꺼내서 질문에 대한 답을 쓰게 한다. ④ 1차시로 시간이 부족할 경우 2차시로 연장해 진행한다.	① 교사가 준비한 질문을 확인한다. ② 질문에 대한 교사의 생각을 듣고 자신의 생각을 정리한다. ③ 질문에 대한 자신의 생각을 공책에 적는다. 이때 필요한 경우 책을 참고한다.	• ppt • 교재 • 공책(학생)	
	생각훈련1 * 조별 학습 * 쓰기로 각자의 의견을 정립 ① 4~5인의 조를 짠다. ② 주어진 질문을 ppt로 화면에 띄운다.	① 교사의 지시에 따라 조를 짠다. ② ppt를 보며 질문을 파악한다. ③ 책을 참고해 가며 자신의 생각을 공책에 정리한다.	• ppt • 교재 • 공책(학생)	

		내용	자료
전개		③ 학생 각자가 자신의 생각을 정리하여 질문에 대한 답을 쓰게 한다. ④ 쓰기에 소요되는 차시는 1~2차시로 구성한다. *** 조별 학습** ① 조별로 각 질문에 대한 토론을 하게 한다. 이때 조별 학생 모두가 참여해야 한다. ② 조별로 한 명이 모두의 의견을 정리한다. ③ 조별 토론에 소요되는 차시는 1~2차시로 구성한다. **생각훈련2 * 조별 의견 발표하기** ① 질문을 ppt로 띄운다. ② 질문에 대해 조별로 취합된 의견을 발표하게 한다. ③ 조별 발표를 듣기 전 혹은 후에 질문에 대한 교사 자신의 의견을 말한다. ④ 조별 발표에 대한 피드백을 제공한다. ⑤ 1~2차시로 구성한다. **비판적독해능력기우기 * 반 전체 발표수업** ① 미리 준비한 몇 가지 사항을 ppt로 정리하여 화면에 띄운다. ② 해당 사항에 대한 자신의 의견을 간단하게 말한다. ③ 학생들의 의견을 듣기 위해 발표수업을 진행한다. ④ 제시한 사항 이외에 학생들이 또 다른 사항을 집어낼 수 있도록 유도한다. ⑤ 학생들의 의견에 대한 피드백을 제공한다.	④ 조별 토론에 참여한다. ⑤ 조별 토론 내용을 지정된 학생 한 명이 정리한다. ① 조별 발표에 참여한다. ② 교사의 의견 및 피드백을 듣는다. ① 교사가 제시한 사항에 대해 파악한다. ② 자신의 의견을 발표한다. ③ 다른 친구들의 의견을 경청하며 이의가 있으면 발표한다. ④ 또 다른 사항이 있으면 발표한다.	• ppt • 교재 • 공책(학생) • ppt • 교재 • 공책(학생) • ppt • 교재 • 공책(학생)
정리	1차시	① 작은 아씨들에서 생각해 본 주제들에 대해 총괄 정리한다. ② 작은 아씨들을 읽고 본인이 갖게 된 생각이나 감성을 짧게 적게 한다. ③ 평가에 반영할 경우, 아이들이 정리한 공책을 걷는다.	① 교사의 총괄 정리를 듣는다. ② 자신의 생각과 감성을 적는다. ③ 그동안 작성한 공책을 제출한다.	• ppt • 영상(필요한 경우) • 책 • 공책(학생)